Salmau / Actau

Esboniad yr Ysgol Sul i oedolion

Blwyddyn B

John Treharne

CYHOEDDIADAU'R
GAIR

Gyda'n Gilydd: Blwyddyn B

Testun Cymraeg: John Treharne

Golygydd Cyffredinol: Aled Davies
Clawr: Elgan Davies

ISBN 1 85994 164 8
Argraffwyd yng Nghymru.

Dymuna'r cyhoeddwyr gydnabod cymorth Adrannau Cyngor Llyfrau Cymru.

Cyhoeddwyd gan:
Cyhoeddiadau'r Gair, Cyngor Ysgolion Sul Cymru,
Ysgol Addysg, Prifysgol Cymru, Safle'r Normal,
Bangor, Gwynedd. LL57 2PX.

Cynnwys

RHAGYMADRODD

Diolch yn fawr am y cyfle i ysgrifennu llawlyfr i ddosbarth Ysgol Sul yr oedolion. Rhaid i mi dystio fy mod wedi cael bendith yn aml iawn wrth baratoi'r nodiadau. Gweddïaf y bydd peth o'r fendith o leiaf yn dod i ddarllenwyr a ffyddloniaid yr Ysgol Sul. Gobeithio y bydd rhywbeth i herio pawb o bryd i'w gilydd, ond llawer mwy i'n calonogi. Yn arbennig gobeithio y bydd y deunydd hwn yn gyfrwng i gynorthwyo llawer i edrych ar Iesu Grist, ac mai Ef a gaiff y clod trwyddo. Diolch i'm teulu tra amyneddgar am oddef llawer eto yn ystod cyfnod cyflawni'r gwaith hwn.

John Treharne

MEDI — SALMAU O DDIOLCHGARWCH

Gwers 1 — DIOLCHGARWCH AM EIN GWLAD (Salm 85)

Mae'n rhyfeddod i feddwl fod Cymru, cenedl mor fach o ran maint, wedi cael dylanwad mor fawr yn hanes eglwys Iesu Grist trwy'r byd. Wrth gwrs fe ddylid dweud yr un peth am Israel, cenedl Dduw. Mae hanes Israel yn dystiolaeth i allu Duw, nid gallu'r genedl.

Felly Cymru hefyd. Pam oedd hi'n gymaint rhan o ddigwyddiadau cynhyrfus yn yr 16eg, y 18ed a'r 19eg ganrif ym myd cred? Oherwydd bod lle canolog i Efengyl Crist a gair Duw yn ein plith. Sut fod gennym draddodiad mor wych o'r Efengyl yn ein gwlad? Sut fod cynifer o adegau yn ein hanes pan oedd y mwyafrif yn arddel ffydd yn Nuw? Mae'r ateb yr un.

Ond beth yw cyflwr Cymru heddiw? Mae llai na 9% o'r boblogaeth yn mynychu oedfaon Cristnogol. Dydym ni ddim chwaith yn cadw i fyny gyda'r symudiadau sydd yn digwydd mewn gwledydd eraill fel Dwyrain Ewrop, ac fel Korea ac Affrica, lle mae cynnydd aruthrol mewn Cristnogion. Oherwydd hynny mae iechyd ysbrydol ein gwlad yn dioddef yn ofnadwy. Mae'r teulu dan warchae, mae sectau a chrefyddau eraill sydd heb y gwirionedd yng Nghrist yn cynyddu, mae ymwybyddiaeth o'r pethau tragwyddol yn pylu.

Yn wyneb hyn i gyd mae llawer o Gristnogion yn poeni am gyflwr ein gwlad. A dyna gefndir salm 85. Hoffwn ei rhannu'n dair:

Daioni'r gorffennol (1-3); *Dymuniad y presennol* (4-8);
Disgwyliad y dyfodol (9-13).

DAIONI'R GORFFENNOL

Yn y tair adnod gyntaf mae'r salmydd yn cydnabod daioni Duw yn y gorffennol. Pan fyddwn yn ein cael ein hunain mewn sefyllfa anodd ac yn meddwl at bwy i droi, yr ydym yn fwy tebygol o droi at rywun sydd wedi'n helpu yn y gorffennol. Rhywun sydd wedi bod yn garedig o'r blaen, rhywun sydd wedi'n deall, rhywun oedd yn cydymdeimlo mewn gwirionedd. Dyna'n union mae'r Salmydd yn ei wneud. Mae'n cofio daioni Duw yn y gorffennol. Mae'n cofio gyda phleser drugaredd yr Arglwydd wrthynt fel ei bobl o'r blaen. Mae'n cofio cymaint oedd ei fendithion iddynt yn eu hanes cyfoethog.

Mae hyn yn thema gyson yn yr Hen Destament ac yn y Salmau, lle mae pobl Dduw yn cofio daioni'r gorffennol. Ond pwrpas hyn o hyd yw delio gyda phroblem y presennol. Nid rhyw fath o hiraeth sentimental am y gorffennol yw hyn, ond defnyddio'r gorffennol i'w troi at yr un Duw sydd yn dal yr un mor alluog ag o'r blaen.

Mae fel gyrru car. Mae defnyddio drych yn bwysig er mwyn edrych yn ôl, ond fedrwn ni ddim gyrru trwy'r amser drwy edrych yn y drych. Pwrpas edrych yn y drych weithiau yw gwneud yn siŵr ei bod yn ddiogel i fynd ymlaen. Mae cymaint o'r edrych yn ôl sy'n ein nodweddi ni heddiw yn gwbl afiach am ei fod yn canolbwyntio ar yr adegau da y mae rhai yn cofio amdanynt yn ein capeli a'n heglwysi o'r blaen. Y cyfan mae hynny'n ei wneud fel arfer yw ein gyrru i'r falen, a pheri i ni sydd wrthi heddiw deimlo fel methiannau llwyr.

Ond mae'r salmydd, wrth edrych 'nôl ar ddaioni Duw yn y gorffennol, yn maddau ac yn dileu pechod y bobl, yn edrych arnynt trwy lygaid trugaredd yn hytrach na llygaid llid. A gallwn ni edrych 'nôl ar gyfnodau isel fel ein cyfnod ni pan oedd Cristnogion bron â bod yn barod i roi'r ffidil yn y to, ond bod yr Arglwydd yn ei drugaredd wedi tywallt ei fendith i lawr.

Er enghraifft, dyma eiriau Griffith Jones ym 1735:

"Ni fu'r byd erioed mor llawn o rwystrau i'r gwaith da o gyffroi ein hunain i afael yn Nuw; ac eto ni fu'r gwaith hwn erioed mor hanfodol; gan fod gennym reswm i ofni fod Duw ar fin gadael ein gwlad ac ymwahanu oddi wrthym. Nawr yw'r amser, os erioed, y dylem gyffroi ein hunain i afael ynddo Ef..."

Mewn byr amser roedd tân y Deffroad Mawr yn lledu trwy Gymru trwy drugaredd Duw.

DYMUNIAD Y PRESENNOL (4-8)

Ar sail y gorffennol, mae'r salmydd yn gweddïo ar Dduw i amlygu yr un trugareddau yn y presennol ag a wnaeth o'r blaen. Fel roedd Duw wedi adfer llwyddiant i'w bobl o'r blaen, yn dod â nhw allan o gaethiwed yr Aifft, er enghraifft, y mae'n gofyn iddo wneud hynny eto. Fel yr oedd wedi eu hachub o'r blaen pan oeddent yn teimlo ei fod wedi eu gadael a bod y cwbl ar ben, mae'n gofyn iddo eu hachub eto. Yn yr adnodau hyn, mae'r salmydd yn crefu ar Dduw i ymweld â nhw eto.

Pa mor aml mae Cristnogion yn teimlo heddiw ein bod dan farn Duw, ei fod yn edrych yn llidiog arnom ni yma yng Nghymru? Yr ydym yn ymdrechu i bregethu ac i Efengylu, yr ydym yn copïo prosiectau sydd wedi gweithio mewn eglwysi eraill ac mewn gwledydd eraill, ond dydyn nhw ddim yn gweithio gyda ni. Gallem bregethu pregethau mawr pregethwyr eraill a gafodd eu bendithio'n helaeth ond heb brofi unrhyw gynnwrf o gwbwl. Pam? Oherwydd nad yw ffafr yr Arglwydd arnom nawr fel ag yr oedd mewn cyfnodau o fendith o'r blaen. Ond mae hyn wedi gyrru'r salmydd i ymbil ar yr Arglwydd a gofyn iddo newid ei wedd, a dechrau gwenu arnynt, fel y gwnaethai o'r blaen.

Tybed a ydym mor brysur yn ceisio gwneud gwaith dros yr Arglwydd nad ydym yn ei geisio digon, nac yn crefu digon am iddo newid hinsawdd ysbrydol ein gwlad. Dyw'r ateb i farweidd-dra ysbrydol Cymru ddim mewn prosiect efengylu arbennig sydd wedi gweithio mewn sefyllfa arall pan oedd yr hinsawdd ysbrydol yn well. Yr ateb yw mynd ar ein gliniau ac aros yno nes bod yr hinsawdd presennol yn newid, nes i ni ddod yn agosach at Dduw a nes i bobl ddechrau ceisio Duw o ddifrif.

Dwi wedi cario sawl darn o blanhigyn prydferth o erddi ffrindiau gan freuddwydio ei weld yn yr un gogoniant yn ein gardd ni. Dwi wedi cael fy siomi droeon hefyd wrth sylweddoli na allai hyn weithio oherwydd bod gen i bridd gwahanol yn fy ngardd i o'i gymharu â'r ardd arall.

DISGWYLIAD Y DYFODOL (9-13)

Wrth droi at yr Arglwydd o ddifrif, roedd daioni yn nes at y salmydd nag yr oedd yn ei sylweddoli. Wrth droi at yr Arglwydd yr oedd yn ei roi ei hun o fewn cyrraedd gogoniant. Mae'n cael ateb ffafriol i'w weddi, fel y cafodd plant Duw droeon ar hyd y cenedlaethau.

Cawn ganddo restr o nodweddion ymweliad bendithiol gan Dduw:

Trugaredd yn cael ei ddangos heb golli gwirionedd.

Heddwch i bechaduriaid gan Dduw cyfiawn, heb golli ei gyfiawnder. Ac mae hyn yn bosibl dim ond yng Nghrist.

Gwirionedd o'r ddaear, sef dynion yn ceisio bod yn gywir gerbron Duw, yn ceisio bod yn agored ac yn onest o flaen Duw.

Cyfiawnder o'r nef, sef Duw yn rhoi cyfiawnder i ddynion, yn cyhoeddi eu bod yn iawn yn ei olwg trwy gyfiawnder Iesu Grist.

Dyma rai o ffrwythau bendith yn y tir. (Ffrwyth adfywiad)

Dyma beth sydd yn digwydd pan fod Duw yn rhodio yn ein plith trwy'r Ysbryd Glân.

Awn ati i efelychu'r salmydd er mwyn profi bywyd Duw yn ein plith eto.

Trafodwch

1. "Unig obaith yr eglwysi heddiw yw adfywiad ysbrydol."

2. Gwaith anodd ynteu hawdd yw gweddïo yn ddyfal?

3. "Os mai newyn corfforol sydd yn Sudan, newyn ysbrydol sydd yng Nghymru."

Gwers 2 DIOLCHGARWCH AM DDARPARIAETH I'R ANGHENUS (Salm 68)

Mae'r Salm yn gân i'r Arglwydd gan ei bobl oherwydd ei ddarpariaeth ar gyfer yr anghenus. Mae'r Arglwydd yn cael ei ddarlunio fel Arweinydd milwrol sydd wedi rhoi buddugoliaeth a rhyddid a llawnder i rai oedd yn gaeth, yn anghenus a thlawd.

BRENIN BENDIGAID

Mae'r salm yn cynnwys sawl cân o addoliad yn dymuno buddugoliaeth a llwyddiant i'r Brenin a cholled i'w elynion, sef adnodau 1-3, 21-23, 28-31. Defnyddir darluniau gwahanol o elynion yn ffoi ac yn gwasgaru; cŵn yn llyfu gwaed y rhai a fu'n tywallt gwaed; gelynion yn talu gwrogaeth ac yn talu trethu neu arian diogelwch.

Y ddelwedd yw caneuon o fawl i'r brenin buddugol. Y mae'n debyg y byddai'r Israeliaid yn canu caneuon mawl o'r math yma i'r Arglwydd wrth deithio i Jerwsalem ar gyfer y gwyliau gwahanol. Dyma'r awgrym yn 24-27, sef bod pawb a gafodd fudd o'r fuddugoliaeth yn cymryd rhan yn y mawl a'r dathliadau.

BENDITHION I'R BOBL

Oherwydd bod arweinydd dewr a chadarn o blaid y bobl, i'w hamddiffyn a'u gwaredu o'u gelynion, daw bendithion di-rif a nerth di-fesur i'w rhan. Sonnir am y ddaear yn crynu o flaen y bobl oherwydd bod yr Arglwydd yn eu harwain. Sonnir hefyd am law o'r nefoedd, ac efallai mai bendithion o'r nef sydd mewn golwg megis y manna a'r soflieir a ddaeth i lawr ar y genedl wrth deithio yn yr anialwch. Mae'n gwbwl glir mai yr Arglwydd sydd yn meddu ar y nerth a'r gallu i ddryllio'r gelyn. (19)

Does dim amheuaeth mai darpariaeth Duw a gallu Duw yw canolbwynt y Salm, neu yn hytrach Duw ei hun. Defnyddir enw Duw nifer fawr o weithiau mewn ffurfiau gwahanol: Defnyddir *Yah* yn 4c, a *Yahweh* yn 16c, sef yr enw na fyddai'r Iddew yn ei ynganu o gwbl. Defnyddir y cyfieithiad Groeg *Adonai* chwech o weithiau, *Y Duw* ddwywaith, *Yr hollalluog* yn 14, *Yr Arglwydd Dduw* a *Duw yr Arglwydd* yn 18 a 20. Defnyddir yr enw *Brenin* yn 24, a defnyddir *Elohim*, sef yr enw mwyaf cyffredin am "Dduw" 25 o weithiau. Felly enwir Duw yn y ffyrdd amrywiol hyn 39 o weithiau mewn 35 o adnodau.

Mae gelynion yn syrthio o flaen y bobl yn ddi-ymdrech, ac mae'r merched yn cael casglu a rhannu'r ysbail.

Defnyddir yr un darlun o fendithion fel ysbail yn adnod 18 lle cawn y darlun o'r Arglwydd yn dringo'n uchel er mwyn arwain caethion yn rhydd, a rhannu anrhegion oddi wrth y gwrthryfelwyr.

Mae Duw, felly, yn concro'r gelyn ac yn bendithio'i bobl gyda'r ysbail. Dyna ddigwyddodd gyda gwlad yr addewid, bod gwlad y gelynion wedi dod yn gartref i bobl Dduw. Dyma ddigwyddodd gyda Christ hefyd yn ôl Paul yn Effesiaid 4:8, pan goncrodd diafol ac angau yn yr atgyfodiad a'r esgyniad a rhoi rhoddion i'w bobl, sef gwaith yn ei deyrnas a'i eglwys: **"rhai i fod yn apostolion, rhai yn broffwydi, rhai yn efengylwyr, rhai yn fugeiliaid ac athrawon"**. (4:11) Mae hwn yn ddarlun gwych o'r bendithion a ddaw i ni o waith Iesu Grist yn byw bywyd perffaith yn ein lle, yn marw drosom ar y groes, yn atgyfodi i'n cyfiawnhau, ac yn eiriol drosom yn y nef. Oherwydd ei fuddugoliaeth ef dros ddiafol, angau a phechod cawn ni rannu yn ei fendithion gwerthfawr. (Eseia 53:12)

DIWALLU ANGHENION PERSONOL (Ad.5-6)

Nodir nifer o fanteision penodol i unigolion anghenus trwy waith y brenin buddugoliaethus:

Tad i'r Amddifaid. Mae hyn yn ein hatgoffa o ddarluniau yn y Testament Newydd fel y mabwysiad i deulu Duw y mae Paul yn sôn amdano: **"Oherwydd nid yw'r ysbryd a dderbyniasoch yn eich gwneud unwaith eto yn gaethweision ofn; yn hytrach, eich gwneud yn feibion y mae, trwy fabwysiad..."** (Rhuf.8:15)

Mae'n ein hatgoffa hefyd o ddameg y mab afradlon lle caiff Duw ei ddarlunio fel Tad, sydd yn awyddus i dderbyn yn ôl y pechadur sydd wedi troi ei gefn arno.

Barnwr, amddiffynnydd y gweddwon. Mae'r unig a'r gwan wedi dod o hyd i Un a fydd yn eu cefnogi ac yn eu cynnal ac yn dadlau eu hachos. Dywed yr Arglwydd Iesu y bydd Duw yn dadlau achos ei bobl hefyd os byddant yn ymddiried ynddo yn nameg y weddw a'r barnwr anghyfiawn: **"A fydd Duw yn gwrthod cyfiawnder i'w etholedigion, sy'n galw'n daer arno ddydd a nos?... Rwy'n dweud wrthych y rhydd ef gyfiawnder iddynt yn ebrwydd."** (Luc 18:7-8) Mae Duw yn dod yn gefn i ni yn erbyn yr un sydd yn ein cyhuddo ac yn ein condemnio, sef y diafol.

Mae 'na gartref a chwmni i'r unig. Eto down i deulu'r ffydd trwy dderbyn Crist, sydd yn golygu nad ydym wir yn unig. Mae gennym frodyr a chwiorydd ar draws y byd sydd yn perthyn i'r un Gwaredwr. Mae angylion y nef o'n plaid, ac mae saint y nef o'n plaid. (Hebreaid 12:1)

Mae'r caeth yn cael rhyddid. Mae'r pechadur sydd wedi bod yn gaethwas i bechod yn cael rhyddid trwy ymddiried yng Nghrist. Ar y groes, mae Iesu Grist wedi **"rhoi ei einioes yn bridwerth dros lawer."** (Marc 10:45) Ystyr pridwerth yw tâl i brynu rhyddid i gaethwas. Felly cawn ddod yn rhydd o gosb pechod trwy Grist. Mae hefyd yn rhydd o rym pechod yn ei fywyd, h.y., mae'n cael rhyddid yn enw Crist i orchfygu temtasiwn a phechod. Hefyd mae'n edrych ymlaen at ryddid llwyr oddi wrth bresenoldeb pechod ryw ddydd.

Byddai Billy Bray, Cristion gloyw yng Nghernyw yn y ganrif ddiwethaf, yn arfer ymfalchïo ei fod yn *'fab i'r Brenin'*. Gadewch i ni gyfrif ein bendithion a'u mwynhau gan fod y Brenin Mawr o'n plaid.

'Mae'r brenin yn y blaen,
'R ŷm ninnau oll yn hy'.
Ni saif na dŵr na thân
O flaen ei arfog lu;
Ni awn, ni awn, dan ganu i'r lan,
Cawn weld ein concwest yn y man.'

Trafodwch

1. A ydym mewn perygl o golli golwg ar Iesu Grist fel brenin buddugoliaethus oherwydd bod rhai yn cael delweddau milwrol yn anodd i'w derbyn?

2. A yw ein bywydau yn dangos buddugoliaeth Crist?

Gwers 3 DIOLCHGARWCH AM DDIOGELWCH (Salm 28)

Wrth i ni ddarllen y Salm yma fe welwn ni ddiogelwch mewn tair ffordd:

Llais cysurlon yr Arglwydd; Rhyddid oddi wrth ragrith;
Yr Arglwydd ei hun.

LLAIS CYSURLON YR ARGLWYDD

Yn y ddwy adnod gyntaf cawn ddarlun o Dafydd yn gweddïo ar yr Arglwydd, yn wynebu tua'r cysegr, ac yn disgwyl ateb. Y peth gwaethaf yn ei feddwl ef fyddai peidio â chael ymateb o'r nef gan ei Dduw. Mae hynny'n gwneud i mi feddwl am blentyn bach sydd yn meddwl bod ei fam neu ei dad wedi mynd hebddo. Mae'n gweiddi yn groch amdanynt, a'r unig beth fydd yn ei dawelu bydd llais cysurlon yr un mae'n galw amdano. Yna mae'n gwybod ei fod yn ddiogel, mae'n gwybod bod popeth yn iawn.

Mae hyn yn brofiad i bob Cristion erioed. Mae'n gwybod beth yw clywed llais Duw, mae'n ymwybodol ohono yn ei fywyd, ond ar brydiau mae'r nef fel petai yn dawel. Mae hynny yn ei wneud yn anghysurus ac yn anniddig nes iddo glywed llais ei Arglwydd. Mae plentyn yr Arglwydd yn ofni ei fod wedi colli gwên ei Dad nefol, wedi colli ei ffafr. Petai hynny'n wir fe fyddai yr un fath â'r annuwiol sydd yn mynd i lawr i'r pwll, hynny yw, fel y rhai sydd yn farw mewn camweddau a phechodau, ac yn wynebu'r ail farwolaeth y mae Llyfr Datguddiad yn sôn amdano, sef uffern. Ond diolch nad yw yr Arglwydd yn oedi'n hir iawn cyn ateb ei blant sydd yn galw allan amdano!

''Rwy'n hiraethu am gael clywed
Un o eiriau pur y ne,
Nes bod ofon du a thristwch
Yn tragwyddol golli eu lle.'

RHYDDID ODDI WRTH RAGRITH

Yn adnodau 3-5 mae Dafydd yn dweud yn blaen nad yw am fod

ymhlith yr annuwiol. Mae'n rhoi un nodwedd ohonynt, sef eu rhagrith. Y peth sydd yn ei ddychryn fwyaf yw meddwl am fod yn un o'r rhai **"nad ydynt yn ystyried gweithredoedd yr Arglwydd"**. Diogelwch yw cael ei gadw oddi wrth ffordd bechadurus, oddi wrth unrhyw beth sydd yn anghywir yng ngolwg ei Dad nefol.

Rwy'n cofio ffrind yn dweud y byddai'n dechrau poeni go iawn petai'n mynd yn y car gyda'i theulu, ac yn gweld ei thad yn dechrau mynd ar hyd y ffyrdd cul gyda gwair yng nghanol y ffordd. Roedd hynny'n arwydd pendant iddi hi eu bod nhw ar goll!

Mae Dafydd yn gweddïo melltith ar unrhyw un sydd yn parhau yn y cyflwr yna, ac mae'n gwybod y byddai'r felltith yn dod arno ef ei hun petai ef ymhlith yr annuwiol.

Mae'r Cristion yn gwybod ei fod wedi cael ei achub a'i ryddhau oddi wrth ei bechod trwy ras Duw, a thrwy ei Waredwr Iesu Grist. Trwy ffydd yng Nghrist y mae nawr yn blentyn i Dduw, mae mewn perthynas ddiogel o gymod, mae o dan ras Duw. Ond mae'n gwybod ei fod yn dibynnu'n llwyr ar ras a nerth Duw i'w gadw rhag mynd yn ôl i fywyd hollol annuwiol. Mae'n gwybod yn iawn, o ran ei dueddiad naturiol, y gallai syrthio i unrhyw bechod ac i fywyd o wadu Duw, oni bai am ras cadwriaethol Duw.

Diolch bod yr Arglwydd yn abl i'n rhyddhau oddi wrth ormes pechod, a'n nerthu i bechu llai trwy nerth Crist a chymorth yr Ysbryd Glân!

YR ARGLWYDD EI HUN

Nid yn unig yr oedd llais yr Arglwydd yn gysur i'r salmydd ond i raddau mwy, yr Arglwydd ei hun. Mae plentyn eisiau clywed llais cysurlon, ond ni wnaiff fodloni ar hynny am byth. Mae eisiau mynd i gôl ei fam neu ei dad. Mae Dafydd yn rhestri nifer o ddarluniau hyfryd o ddiogelwch yr Arglwydd yn yr adnodau sydd ar ddiwedd y Salm (6-9):

Nerth a tharian. Hynny yw, mae'n rhoi amddiffyn sicr. Amddiffyn rhag beth?

a. **Rhag ei hunan**; ei wendid ei hunan. Fel y dywed y Sais: *"He's his own worst enemy"*. Mae hyn yn wir amdanom yn aml iawn. Er gwaethaf bwriadau da ac addunedau gonest yr ydym yn newid fel y gwynt, ac yn barod i anghofio ein haddewidion yn rhy hawdd pan ddaw rhywbeth i newid ein sefyllfa. Does dim un Cristion eisiau dweud celwydd. Ond pa mor aml yr ydym yn ein cael ein hunain yn dweud hanner y gwir er mwyn dod allan o ryw anhawster. Mae angen Un arnom i'n hamddiffyn rhag hyn.

b. **Rhag yr Un drwg**. Mae gan y Cristion elyn pendant - y Diafol. Rhaid iddo gofio hynny er mwyn deall beth sydd yn digwydd iddo yn ei fywyd.

Pam mae'n anodd darllen y Beibl, yn anodd dal ati, anodd canolbwyntio? Pam mae pob math o feddyliau drwg yn dod ar draws ei feddwl ar brydiau, nes ei fod yn ei ddychryn ei hunan? Pam mae cynifer o demtasiynau yn dod ar ei draws o hyd? Mae Un drwg sydd am ei rwygo oddi wrth Dduw, sydd am ei gwneud hi mor annifyr â phosib i fwynhau Duw.

Weithiau bydd y Diafol yn defnyddio gelyn dynol, ond mae amddiffynfa i'r Cristion yn yr Arglwydd. Mae ei nerth Ef yn fwy na gallu drwg Satan. Mae ei fuddugoliaeth ar bechod yn sicr. Mae ef yn rhoi i ni ryddid i beidio â phechu, yn enw Crist. Mae ei air yn goleuo, yn cryfhau ac yn dod â phersbectif cywir ar bethau.

Mae hefyd yn *bugeilio* ei bobl. Mae'n Fugail da sydd wedi marw dros ei eiddo. A wnaiff ef adael i'r gelyn eu cipio i ffwrdd? A gaiff yr arth a'r blaidd eu llarpio? Nid byth! **"ac ni chaiff neb eu cipio hwy allan o'm llaw i."** (Ioan 10:28)

Diolch am ddiogelwch Duw, a boed i ni ei fwynhau fwyfwy.

Trafodwch

1. "Aeth diogelwch ariannol a materol yn bwysicach i'n cymdeithas bellach na diogelwch Duw."

2. Rhannwch eich hoff adnod a'ch hoff emyn cysurlon.

3. Ydy'n Cristnogaeth ni yn werth ei ddynwared o safbwynt rhagrithwyr?

Gwers 4 DIOLCHGARWCH AM WAREDIGAETH (Salm 107:1-22)

Yr ydym yn gyfarwydd iawn â'r darlun o rywun yn cael ei achub o ryw drybini neu'i gilydd. Weithiau caiff rhywun ei ddal mewn tân, bryd arall mewn damwain car. Beth bynnag yw'r achos mae angen eraill i ddod i'r sefyllfa er mwyn arbed y person sydd mewn perygl ac mewn trafferthion. Mae hyn yn ddarlun sydd yn cael ei ddefnyddio yn y Salm hon.

Cân yw hon i bobl a fu mewn trybini ond a gafodd eu hachub gan yr Arglwydd. Gallwn ddychmygu pobl a fu mewn caethglud yn adrodd eu hanesion o gyfyngder ac anhawster, ac yna'n dweud sut y cawsant eu hachub gan yr Arglwydd. Ac mae'n debyg y bydden nhw'n canu'r gân hon wrth fynd i'r gwyliau yn y deml er mwyn cofio daioni yr Arglwydd iddynt, gan fod hynny'n mynd i roi awch ar eu haddoliad iddo.

Mae'n gân addas i bob Cristion, felly, sydd wedi ei achub o'i bechod trwy ymddiried ym mywyd a marwolaeth Iesu Grist yn ei le, a thrwy droi at yr Arglwydd a galw arno yn ei drybini, wrth weld ei fod angen dod yn iawn gyda Duw, ei fod angen setlo ei berthynas â Duw.

Gwaith pob Cristion yw cofio a thystio i'r hyn mae'r Arglwydd wedi ei wneud yn ei fywyd.

Dylem gofio mai pwrpas y gân yw canmol achubiaeth yr Arglwydd, a phwrpas tystiolaeth y Cristion yw gwneud yr un peth. Nid tystio i'w allu ei hunan mae'r Salmydd na'r Cristion, felly. Yn anffodus mae rhai Cristnogion yn ofn tystio oherwydd eu bod nhw'n teimlo'n anaddas, ond mae hynny'n dangos fod eu meddwl arnyn nhw eu hunain ac nid ar yr Arglwydd. Efallai bod Cristnogion eraill wedi eu drysu trwy sôn mwy am eu hunain nag am yr Arglwydd wrth geisio tystio iddo.

Ceir tri darlun o fod mewn angen am achubiaeth ac mae'r tri yn ddarluniau da o bechadur sydd angen dod 'nôl i berthynas iawn â Duw trwy Iesu Grist.

COLLI'R FFORDD YN YR ANIALWCH

Dau beth sydd yn taro rhywun am y cyflwr yma. Yn gyntaf mae person ar goll. Dyw e ddim yn gwybod ble mae e. Dyw e ddim yn ei gynefin nac yn ei gartref. Dyw e ddim yn ei elfen. Fel yna mae pawb sydd heb adnabod Duw. Felly mae pawb sydd heb gael maddeuant am eu pechodau a chymod â Duw. Fel yna mae pawb sydd heb edifarhau. Nid yn unig maent ar goll ond maent yn crwydro'n gwbl ddi-amcan. Peth hawdd fyddai mynd ar goll yn yr anialwch, a hefyd droi mewn cylchoedd heb fynd i unrhyw gyfeiriad, heb sôn am y cyfeiriad cywir.

Dim ond trwy alw ac ymddiried yng Nghrist y daw cyfeiriad ein bywyd yn glir. Dim ond bryd hynny y down o hyd i'n hunain a ble rŷm ni eisiau mynd. Ef yw y magned sydd yn dweud wrthym lle mae Duw a sut mae cyrraedd ato, a sut mae ei ddilyn yn gywir hefyd.

CAETHIWED A THYWYLLWCH

Yr ydym yn defnyddio'r darlun o dywyllwch yn aml i ddisgrifio rhywun sydd mewn iselder. Rhywun sydd yn methu dygymod â bywyd ac yn methu â meddwl sut mae'n mynd i ddod trwyddi; ac mae'r Salmydd yn sôn am berson wedi ei lethu gan flinder. Y mae yn y cyflwr hwn oherwydd iddo ddirmygu cyngor y Goruchaf, ac mae hwnna'n ddisgrifiad gwych o hanfod pechod, sef bod dyn yn meddwl ei fod yn gwybod yn well na Duw. Mae'n gwybod yn well na'r sawl sydd yn ceisio Duw ac yn plygu i Dduw ac yn troi at Dduw yn gyson!

Yna mae'r darlun o gaethiwed eto. Yn ôl Iesu Grist mae pechod yn ein caethiwo.

"Yn wir yn wir 'rwy'n dweud wrthych fod pob un sy'n cyflawni pechod yn gaethwas i bechod." (Ioan 8:34)

Mewn geiriau eraill mae pechod yn ein dal mewn *"carchar tywyll du"*.

Dywed y Salmydd nad oes neb ar gael i godi'r truan yma sydd wedi syrthio. Allwn ni ddim dod allan o afael pechod ychwaith yn ein nerth ein hunain nac yn ein cyfiawnder ein hunain. Mae fel yr amser pan oedd Pedr yn y carchar mewn cadwynau yn Actau 12.

Wrth i'r angel ddod i'w ryddhau yr oedd goleuni'n llanw'r gell ac ar yr un pryd fe syrthiodd ei gadwynau i ffwrdd. Mae'n ddarlun gwych o'r hyn sydd yn digwydd ym mywyd pechadur pan ddaw Iesu Grist **"y gwir oleuni"** (Ioan 1:9) i mewn. Digwydd hynny pan fydd yn galw am yr Arglwydd i'w achub.

CYSTUDD I'R YNFYD

Mae'r bobl yn yr adran yma wedi colli iechyd a blas ar fywyd. Yn yr Hen Destament mae ynfydrwydd yn golygu troi oddi wrth Dduw. Unwaith eto mae'n ddisgrifiad da o bechod. Mae rhai yn dweud nad oes Duw, ac nad yw Duw yn berthnasol iddyn nhw. Dydyn nhw ddim yn cydnabod bodolaeth Duw ac felly dydyn nhw ddim yn gweld angen rhoi lle iddo yn eu bywyd.

Ffordd Duw o'u deffro nhw i realiti, ac i'r gwirionedd oedd caniatáu iddyn nhw brofi salwch ofnadwy. Yr oeddent yn methu bwyta, yn wir yn casáu pob math o fwyd ac felly mewn gwir berygl o farw. Yna galwasant ar Dduw. Ei ymateb oedd eu gwella a'u cysuro trwy ei air.

Mae sawl person wedi troi at Dduw mewn argyfwng wrth sylweddoli na all wneud heb Dduw mewn gwirionedd, pan mae popeth arall wedi ei dynnu oddi wrtho. Ond mae gair Duw yn feddyginiaeth i bechadur. Gallwn bwyso ar ei addewidion oherwydd mae grym ynddynt i effeithio ein cyflwr os gwnawn ni eu credu.

'Tydi a wnaeth y wyrth, O! Grist, Fab Duw,
Tydi a roddaist i mi flas ar fyw.'

Gadewch i ni ymuno yn y gân yma o glod i'n Harglwydd a'n Hachubwr gogoneddus!

Trafodwch

1. Pam mae rhai pobl yn ofn defnyddio'r gair Beiblaidd 'achub'?

2. Ydyn ni'n dangos yn effeithiol i bobl sut mae pechod yn effeithio ar eu bywydau?

HYDREF
Gwers 5

RHYFEDDOD DUW
RHYFEDDOD CARIAD DUW
(Salm 103)

Wrth ddarllen y Salm hon a meddwl am ddisgrifio cariad Duw, rwy'n teimlo fel plentyn mewn siop losin; mae'n anodd iawn gwybod ble mae dechrau, gan fod cynifer o nodweddion cariad Duw yn cael eu rhestri yn y salm.

Y peth cyntaf sy'n rhyfeddod ynglŷn â chariad Duw yn ôl y salm hon, yw ei fod mor gyflawn a chyfoethog. Nid blew camel Ioan Fedyddiwr sy'n dod i'r meddwl ond côt amryliw Joseff.

Yr hyn sydd mor rhyfedd am gariad Duw yw ei fod yn cael ei fynegi mewn cynifer o ffyrdd a thrwy gymaint o drugaredd a bendith.

Mae'n maddau anwiredd. Mae'n gwahanu'r pechodau oddi wrth y pechadur, mor bell ag yw y Dwyrain oddi wrth y Gorllewin. Pechod yw problem fwyaf dyn, oherwydd mai hynny sydd yn ei wahanu oddi wrth Dduw. Yn ei gariad mae Duw yn fodlon delio â phechod dyn, mae wedi gwneud y trefniadau i gyd trwy ei Fab Iesu Grist, ac mae'n dweud wrthym sut i ddod yn rhydd o'n rhwystr a dod yn iawn â Duw a dod i'w adnabod.

Oherwydd hyn mae'r sawl a gafodd faddeuant yn cael ei wisgo â chariad Duw sydd mor amryliw â chôt Joseff.

Mae ei lesgedd yn cael ei iacháu. Pan mae dyn yn ymddiried yn Iesu Grist mae'r broses o iachawdwriaeth yn dechrau. Mae fel person sydd yn cymryd hen gar o'r domen sgrap ac yn ei ailadeiladu nes ei fod yn well na newydd. Mae Duw yn ei gariad yn ail-greu ei bobl, nes y byddan nhw un diwrnod yn well na newydd, h.y., yn well nag oedd Adda pan gafodd ei greu, yn rhydd o bob pechod, mewn corff newydd, yn teyrnasu gyda Iesu Grist fel brenhinoedd ac offeiriaid, nid yn unig dros ei elynion Ef, ond yn uwch na'r angylion hefyd.

Gwaredu o'r pwll. Mae pob eiliad o fywyd yn werthfawr, am ei fod wedi ei achub o ddistryw, neu'r pwll. Nid yw ar y ffordd lydan i ddistryw ond ar y ffordd gul i'r bywyd. Mae gwerth a phwrpas i bob rhan o fywyd, felly. Ac er ei fod yn haeddu distryw, yn haeddu ei goroni â chondemniad a barn dragwyddol, caiff ei goroni'n hytrach â thrugaredd ac â thosturi. Nid breintiau ac anrhydeddau y byd yw'r rhain wrth gwrs, ond breintiau llawer gwell, llawer mwy gwerthfawr a llawer mwy parhaol. Mae'r rhain yn codi person i fyny'n llawer uwch nag anrhydedd dynol hefyd.

Duw a digon. Mae'r Cristion ar ben ei ddigon oherwydd ei fod wedi ei fendithio **"â phob bendith ysbrydol yn y nefolion leoedd"**. (Eff.1:3) Ac am fod digon ar gyfer pob gofyn yn Iesu Grist mae'n cael ei adnewyddu'n barhaus.

Nabod y barnwr? Roedden nhw'n dweud ei fod yn help mawr ers talwm mewn llys os oeddech yn nabod y barnwr. Os oedd y barnwr o'ch plaid yr oedd pethau'n argoeli'n reit dda. Cymaint gwell yw sefyllfa'r Cristion o wybod fod y Barnwr Cyfiawn o'i ochr, er iddo wynebu anawsterau wrth geisio ei wasanaethu'n ffyddlon yn y byd hwn. Er mai gweld yn y dirgel mae'r Arglwydd ar hyn o bryd, fe fydd yn talu yn yr amlwg cyn hir.

Gras a thrugaredd. Mae'r Arglwydd yn ceryddu ei blant medd y Beibl, ond nid yw'n dal dig am hir. Nid yw'n hapus yn ceryddu, nid hynny yw ei bleser o gwbl, oherwydd **"trugarog a graslon yw'r Arglwydd, hwyrfrydig i lid, a mawr o drugarowgrwydd"**.

Pan dwi'n dweud wrth y plant am fynd i'r gwely, maen nhw'n llusgo'u traed yn ofnadwy, yn trïo meddwl am unrhyw esgus i aros i lawr, ac yna'n rhyw led-gropian i fyny'r grisiau, gan gymryd oes i olchi eu dannedd a gwisgo'u dillad nos. Ond os dywedaf ein bod yn mynd i nofio, fe fyddan nhw wedi newid ac wedi gwneud eu hunain yn barod mewn chwinciad. Fel hynny, meddai'r adnod hon, mae'r Duw cariadus. Yn araf i lid, ond yn brysio i drugarhau.

"Gwyn y gwêl y frân ei chyw." Mae'r mwyafrif o rieni yn caru eu plant yn angerddol, ac yn fwy na phlant eraill am eu bod yn blant iddynt, er bod eu plant nhw'n gwneud yr un drygau, os nad rhai gwaeth. Maen nhw'n llawer mwy parod i weld beiau plant eraill ac i'w condemnio hefyd, yn hytrach na'u plant nhw eu hunain. Beth yw'r gwahaniaeth? *Maen nhw'n delio â'u plant eu hunain ar dir cariad.* Mae'r un peth yn wir am Dduw a'r Cristion. Nid yw'n delio ag ef fel pechadur, ond fel creadigaeth newydd, sydd wedi ei lanhau a'i wneud yn gyfiawn trwy ei ffydd yn aberth iawnol Iesu Grist drosto.

Tad ystyriol. Yn union fel na fyddai Tad ystyriol yn disgwyl i blentyn gario gormod o bwysau na delio â gormod o straen, felly y mae'r Arglwydd yn ystyriol o'i blant ei hun. Ni fydd yn ein llethu â gofidiau na allwn ymdopi â nhw.

I bwy? I bwy mae'r cariad rhyfeddol yma? I'r rhai sydd yn ofni Duw. Mae'r ymadrodd hwn yn digwydd dair gwaith yn y salm. Yna mae'n dweud ei fod i'r rhai sydd yn cadw ei gyfamod ac yn ufuddhau i'w orchmynion. Mae ofni Duw yn golygu ei barchu, ei gymryd o ddifrif, ac mae'r person sydd yn gwneud hynny yn siŵr o ufuddhau iddo. Ond efallai bydd rhywun yn dweud na allwn gadw'r gorchmynion, ac mae hynny'n berffaith wir.

Ond mae gorchymyn arall i bechadur sydd yn ei arwain at y cariad sy'n cael ei ddisgrifio yn y salm hon. Y gorchymyn i edifarhau a chredu Duw. Troi ato ac ymddiried ynddo, ac yn arbennig ymddiried yn ei Fab Iesu Grist fel ein Gwaredwr a'n Harglwydd. Yna, wrth ufuddhau i'r gorchmynion fel Cristion fe gaiff fwynhau i raddau mwy a mwy y cariad rhyfeddol sydd gan Dduw ar ei gyfer.

Trafodwch

1. A ydyw'n bosib i ddweud gormod am gariad Duw?

2. Beth yw'r gwahaniaeth rhwng cariad Duw a chariad y byd?

3. “Mae’r cariad gorau yn rhad i’r gwrthrych ond yn ddrud i’r sawl sy’n caru.”

Gwers 6 — Rhyfeddod Tosturi Duw (Salm 116)

Rwy'n cofio pan oeddwn yn yr ysgol, i fachgen o'r ysgol achub rhywun o gar oedd wedi plymio i waelod y dŵr yn yr harbwr. Cafodd fedal arbennig a sylw mawr ar y pryd ac yr oedd llawer yn ei ganmol ac yn ei edmygu, ond neb fel y dyn a achubwyd o'r car.

Cân o ddiolch a mawl gan ddyledwr am gael ei achub o le cyfyng iawn yw Salm 116 hefyd. Mae sylw'r salmydd hefyd yn cael ei ganolbwyntio ar yr achubwr, sef yr Arglwydd, ac ar ryfeddod ei dosturi.

Gadewch i ni edrych ar dair nodwedd o dosturi hyfryd yr Arglwydd:

Gwrando (1-2); *Gwaredu* (6-8); *Gollwng yn rhydd* (16).

GWRANDO

Maen nhw'n dweud bod gallu pobl i wrando yn lleihau oherwydd bod gymaint o bwyslais bellach ar y gweld yn hytrach na'r gwrando. Beth bynnag am hynny mae'r Salmydd yn canmol gallu Duw i wrando, a dydy hynny ddim wedi lleihau ers ei ddyddiau ef yn sicr.

Rhyfeddod y gwrando yma yw bod rhywun mawr iawn yn gwrando ar rywun isel iawn. Fel arfer y gwrthwyneb sydd yn wir. Fel arfer bydd pobl yn tyrru i wrando ar siaradwr da, ac ar bregethwr mawr. Fel arfer byddwn yn pwyso ar rywun i wrando ar rywun mawr, pwysig. Ond gyda thosturi Duw yn gwrando gweddi, y gwrthwyneb sydd yn wir. Cymaint o ryfeddod yw hyn, felly, fod Duw yn gwrando gweddïau dynion, a gweddïau dynion ar eu gwaethaf hefyd, pan mae dyn fwyaf isel a gwan. A dweud y gwir mae'r Salmydd dan ofnau'r bedd ac uffern. Dydy dyn mewn dychryn ddim yn ennyn llawer o edmygedd.

Mor aml mae pobl yn edmygu gweddïau coeth, hir a gofalus, sydd weithiau'n gwneud i ni feddwl mwy am y gweddïwr na'r Arglwydd. Doedd gweddi'r truan yma ddim yn llawer o beth o safbwynt rhethreg na gofal geiriau. Dyn sydd wedi dod i ben ei dennyn sydd yma; 'gweiddi' a 'galw' mae'r gweddïwr hwn.

Nid gwrando ar ddyn sydd wedi gweithio ei ffordd i fyny a wna'r Arglwydd, ond yn hytrach dyn sydd wedi cyrraedd y gwaelod. *Nid yw iachawdwriaeth a bywyd tragwyddol yn gwestiwn o ba mor uchel y gall dyn gyrraedd, ond pa mor isel y gall Duw gyrraedd er mwyn ei godi.* Mae'r hen gyfieithiad yn dweud bod yr Arglwydd wedi 'gostwng ei glust' at y Salmydd, ac mae achubiaeth pechadur yn seiliedig ar ymostyngiad mab Duw i ddod i lawr i'r byd, i estyn llaw achubol i'r isel a'r briwedig, i gymryd lle pechaduriaid ar groes Calfaria ac i fynd i lawr i'r bedd. Dyma sydd yn gwneud y 'gwrando' yma mor rhyfeddol.

GWAREDU (6-8)

Os oedd y gwrando yn golygu bod yr Arglwydd yn ymostwng at y Salmydd yn ei angen, mae'r gwaredu'n darlunio'r Arglwydd yn ei godi ar ei draed.

Enaid rhag angau. Yn gyntaf mae'r Salmydd yn dweud bod yr Arglwydd wedi gwaredu ei **enaid rhag angau**. Yr oedd wedi bod yn edrych i lygad y bedd a thragwyddoldeb ac yr oedd hynny'n codi arswyd arno. Dydym ni ddim yn gwybod beth oedd yr achlysur oedd mewn golwg gan y Salmydd. Beth bynnag am hynny, yr oedd yn ofni am ei fywyd, ac yn ofni colled dragwyddol. Yng nghanol yr ofn hwnnw yr oedd wedi troi at yr Arglwydd ac wedi cael tosturi, trugaredd ac achubiaeth.

Yr oedd wedi gweld pa mor fach ydoedd a pha mor fregus a brau oedd ei fywyd. Yr oedd wedi sylweddoli bod mwy i fywyd na dim ond y byd materol hwn. Yr oedd yn ofni mynd i'r bedd a dod gerbron Duw heb fod ar delerau iawn ag Ef.

Efallai y bu'n rhaid iddo gyrraedd y cyflwr hwn cyn sylweddoli bod yn rhaid dod yn iawn gyda Duw, bod yn rhaid delio â'i ddyled a'i bechod. Mae'n erfyn am drugaredd ac mae'n ei gael. Mae ei fywyd wedi ei achub rhag y bedd am y tro, ond yn fwy na hynny mae ei enaid wedi ei achub rhag marwolaeth dragwyddol, rhag uffern, trwy iddo gael ei ryddhau o'i bechodau.

Llygaid rhag dagrau. Yr oedd mewn sefyllfa o dristwch ofnadwy. Tristwch anobaith, tristwch methiant, tristwch euogrwydd.

Gall ein pechodau ein harwain at bob un o'r rhain.

Mae'r byd yn cynnig meddyginiaeth i'r tristwch trwy ddifyrrwch, pleser, gweithredoedd da. Ateb arwynebol, dros dro, ydy ateb y byd, oherwydd yr unig ffordd i brofi gwir lawenydd a rhyddhad o ddagrau yw trwy fod yng Nghrist a thrwy adnabod Duw. Mae'n wir na chawn ryddhad llwyr yn y byd hwn, ond cyn hir fe ddaw hynny i'n rhan pan fyddwn yn cwrdd â Christ, **"a bydd Duw yn sychu ymaith bob deigryn"**.

'Bydd canu yn y nefoedd,
Pan ddelo'r plant ynghyd,
Y rhai fu oddi cartref
O dŷ eu tad gyhyd;
Dechreuir y gynghanedd
Ac ni bydd wylo mwy,
Ond Duw a sych bob deigryn
Oddi wrth eu llygaid hwy.'

GOLLWNG YN RHYDD (16)

Mae'r Salmydd yn llawn diolch i'r Arglwydd am ei dosturi, ac mae'n awyddus nawr i'w wasanaethu. Mae am wasanaethu Duw yn wirfoddol oherwydd bod yr Arglwydd wedi ei ryddhau o'i gyfyngderau. *Mae am rwymo ei hunan i'r Arglwydd, oherwydd fod yr Arglwydd wedi* ***'datod ei rwymau'****.*

Mae pechadur yn gweld Duw fel Meistr creulon, ac yn aml mae'n ei wasanaethu'n arwynebol yn erbyn ei wir ewyllys. Yn wir, mae'r diafol wrth ei fodd yn dweud wrthym mai caethiwed afiach yw ymrwymiad i'r Arglwydd. Y gwir amdani, fodd bynnag, yw fod pechod a gwrthryfel yn erbyn Duw yn ein dal mewn rhwyd ofnadwy. Dywed yr Arglwydd Iesu **"fod pob un sy'n cyflawni pechod yn gaethwas i bechod"**. (Ioan 8:34)

Yn dilyn pechod daw euogrwydd a chywilydd ac anobaith. Yna bydd rhywun yn trïo ei wella ei hunan; bydd yn ymdrechu i bechu llai. Ond o ganlyniad mae'n ei weld ei hun yn mynd yn ddyfnach i ddyled yn hytrach na'i fod yn gwella'r sefyllfa.

Mae'r Cristion sydd wedi profi rhyddid oddi wrth gaethiwed

pechod trwy faddeuant a chyfiawnhad yng ngwaed Crist, yn awyddus i'w osod ei hun dan Arglwyddiaeth Crist. Yn yr Hen Destament yr arwydd fod caethwas yn aros yn wirfoddol dan arglwyddiaeth ei feistr oedd tyllu ei glust.

Ac mae'r Salmydd hwn yn awyddus i dalu ei addunedau i'r Arglwydd ac i roi offrwm o ddiolch ac i wasanaethu'r Arglwydd, oherwydd ei fod yn rhydd oddi wrth ei bechod, oedd wedi creu arswyd ac ofn y bedd ac uffern ynddo; mae'n rhydd nawr ac yn blentyn Duw, mae ganddo fywyd a hwnnw'n fywyd tragwyddol.

Diolch i'r Gwaredwr Bendigedig!

Trafodwch

1. "Aeth y ddawn i wrando yn brin."

2. Rhannwch un profiad o dosturi Duw atoch.

3. Ydyn ni ofn dangos gwendid, ac angen am dosturi?

Gwers 7 RHYFEDDOD GRAS DUW (Salm 139)

Mae Aben Ezra, un o'r ysgolheigion Iddewig mwyaf erioed, wedi dweud am y salm yma: *"hon yw'r salm fwyaf gogoneddus ac ardderchog yn yr holl Lyfr."* Y mae'n un o'r salmau mwyaf poblogaidd ac yn salm ddwys a phersonol iawn. Mae'r salmydd fel petai yn ymwybodol pa mor agored yw ei fywyd gerbron Duw. Hoffwn nodi tair thema sy'n codi yn y salm:

Hollwybodaeth Duw; Hollbresenoldeb Duw; Gweddi Dafydd.

HOLLWYBODAETH DUW

a. **Gwybodaeth o fywyd.** Mae testun fel hyn yn gallu bod yn oeraidd ac yn academaidd, ond nid fel'na mae Dafydd yn gweld hollbresenoldeb Duw. Er bod ei fywyd yn gwbl agored gerbron Duw, daw cysur mawr i Dafydd o wybod hynny. Mae rhai pobl yn teimlo'n anghysurus wrth glywed am y K.G.B. a'r C.I.A. am eu bod yn gymdeithasau sydd yn cadw ffeiliau ar unigolion. Beth bynnag am y rheini, mae ffeil Duw ar bob un ohonom yn gyflawn. Peth arall sydd yn ddiflas yw cael gwybodaeth am berson sydd yn gywir hyd at ryw ddeng mlynedd yn ôl, ond sydd yn anghyflawn hyd at y presennol. Mae gwybodaeth Duw yn gyfredol ac yn gywir.

Mae Dafydd yn cyfaddef fod hyn yn rhy ryfedd iddo, mae'n ormod i'r meddwl dynol cyfyngedig. Eto i gyd mae'n cael diogelwch wrth feddwl fod yr Arglwydd wedi ei gau i mewn yn ôl ac ymlaen, a bod ei law arno. Yn salm 34:7 fe sonnir am y ffaith y **"gwersylla angel yr Arglwydd o amgylch y rhai sy'n ei ofni"**.

Mae rhywun wedi dweud fod hyn yn disgrifio gofal Duw dros ei bobl. Mae wedi gofalu am y gorffennol, trwy ddileu ein pechodau yng Nghrist; mae wedi sicrhau'r dyfodol trwy baratoi lle i ni yn y nef; ond mae hefyd gyda ni yn y presennol, gan fod ei law arnom. Mae hyn yn ein hatgoffa o eiriau yr Arglwydd Iesu yn Ioan 10: 27-28: **"Y mae fy nefaid i yn gwrando ar fy llais i, ac yr wyf fi'n eu hadnabod, a hwythau'n fy nghanlyn i. Yr wyf fi'n rhoi bywyd tragwyddol iddynt; nid ânt byth i ddistryw, ac ni chaiff neb eu**

cipio hwy allan o'm llaw i."

Dydy'r ffaith fod y bugail yn ymwybodol o bob rhan o fywyd y ddafad ddim yn fygythiad iddi ond yn gysur. Mae'r un peth yn wir am y Cristion. Beth sydd well na gwybod bod holl fanylion ein bywyd yn wybyddus ac o ddiddordeb i'n Tad nefol sydd wedi ein derbyn a'n caru yng Nghrist?

b. **Gwybodaeth o fywyd y groth.** Dywed Dafydd (13-18) fod hyd yn oed ei fodolaeth yn y groth yn wybyddus i'r Arglwydd a bod Ei law arno bryd hynny hefyd. Dywed am y dirgelwch hwn, ei fod yn *ofnadwy a rhyfedd,* ei fod yn creu parchedig ofn a rhyfeddod ynddo. Dywed fod datblygiad bywyd y groth yn *ddirgel* i ddyn ond nid i Dduw. Mae neges yr adran hon yn gweiddi yn erbyn pobl ein hoes ni sydd yn dweud fod bywyd cynnar y groth yn hepgorol, y gallwn wneud i ffwrdd ag ef yn ôl ein cyfleustra ni. Mae'n pwysleisio fod Duw wedi creu pob unigolyn, a dyna sydd yn rhoi'r urddas mwyaf i ni fel dynoliaeth.

c. **Rhy uchel a rhy ddwfn.** Dywedir am rai pregethwyr eu bod *'uwch ein pennau'* ac am eraill *'eu bod yn rhy ddwfn'*, a dyma beth mae Dafydd yn dweud am hollwybodaeth Duw. O ganlyniad i ad.1-6 ac 13-18, mae Dafydd yn dod i'r casgliad fod gwybodaeth Duw y tu hwnt iddo fedru deall yn llawn. Mae'n amlwg ei fod yn ymdrechu i ddod o hyd i eiriau. Mae gwybodaeth fanwl a llwyr yr Arglwydd amdano ers ei genhedliad yn rhy uchel i gyrraedd i fyny ato, ac yn rhy ddwfn i fedru ei ddirnad yn iawn.

HOLLBRESENOLDEB DUW

Mae adnodau 7-12 yn dweud na allem ffoi oddi wrth Dduw, gan ei fod yn bresennol ym mhob man. Tybiodd Jona y gallai ffoi oddi wrth Dduw. Yn hytrach na mynd i Ninefe fel roedd Duw wedi dweud wrtho, aeth i'r cyfeiriad arall. Ond yr oedd Duw yna yn y llong ac yn y storm; yr oedd Duw yna ym mol y pysgodyn a'i llyncodd. A dyna mae Dafydd wedi ei ddeall hefyd.

Mae hyn yn rhybudd i'r sawl sydd yn dymuno ffoi. Does dim un lle yn ddi-Dduw, dim hyd yn oed uffern. Bydd pobl yn ymwybodol o'r Arglwydd bryd hynny hefyd. Mae disgrifiad Iesu o'r gŵr goludog yn uffern yn profi hynny i ni. Rhan fawr o'i boen yw'r ffaith ei fod yn dal i fod yn mwynhau ei wên bellach. Mae'n eithriadol bwysig i ni berswadio ac annog pobl i droi at Dduw, i ffoi ato, i gydnabod bod eu bywyd yn agored o'i flaen, ac i adael iddo feddiannu eu bywyd.

I'r Cristion, fodd bynnag, mae hollbresenoldeb Duw yn gysur. Does dim ots ble'r ydym, mae'r Arglwydd gyda ni.

'Mae Duw yn llond pob lle,
Presennol ym mhob man,
Y nesaf yw Efe
O bawb at enaid gwan;
Wrth law o hyd i wrando cri:
"Nesáu at Dduw sydd dda i mi".'

Mae'n gysur mawr i wybod bod Duw yn bresennol yn y lleoedd mwyaf tywyll yn ein trefydd a'n cymdogaethau. Ac os yw'n bresennol mae gobaith iddo weithio yng nghalonnau pobl a'u paratoi i glywed a derbyn neges Efengyl Crist.

GWEDDI DAFYDD

Yna mae Dafydd yn gorffen yn annisgwyl gyda gweddi gref yn erbyn yr annuwiol. Mae'n gyson â darnau eraill o'r salmau sydd yn anodd i'w hesbonio. Gallwn ddeall casineb perffaith at annuwioldeb ac at bechod o bob math, ond nid at y pechadur chwaith, gan fod Duw wedi ein caru ni pan oeddem yn dal yn bechaduriaid. (Rhuf.5:8) Dyma eiriau Cristion i'w wraig cyn cael ei ddienyddio gan y comiwnyddion: *"Mae'n rhaid i ti wybod fy mod yn marw gan garu'r rheini sy'n fy lladd. Dydyn nhw ddim yn gwybod beth maent yn ei wneud a'm cais olaf i ti yw i ti eu caru hefyd. Paid â chadw chwerwder yn dy galon am iddynt ladd dy anwylyd. Cawn gwrdd yn y nef."* Ac mae'r geiriau yna o'r ugeinfed ganrif yn adleisio geiriau Crist a Steffan Ferthyr.

Ond mae un esboniwr yn awgrymu mai meddyliau pechadurus ei hen natur y mae Dafydd yn cyfeirio atynt fel 'gelynion'. Dyna pam mae'n gofyn i'r Arglwydd i chwilio'i galon yn barhaus er mwyn eu chwynnu nhw allan, gan ei fod yn eu casáu â chasineb perffaith.

Diolch am hollwybodaeth a hollbresenoldeb Duw, boed i ni ein hagor ein hunain iddo a gadael iddo ein trin a'n mowldio a'n gwneud yn fwy tebyg iddo.

Trafodwch

1. Ydy hollwybodaeth Duw yn ddychryn neu yn gysur i chi?

2. Ydy adnodau 13-18 yn ddadl bwysig yn erbyn erthyliad?

Gwers 8 RHYFEDDOD MAWREDD DUW (Salm 145)

Fe glywn yn aml yn y dyddiau hyn fod pobl wedi blino ar rai traddodiadau. Mae Dafydd yn dweud yn y salm yma bod traddodi'r neges am fawredd Duw o'r naill genhedlaeth i'r llall yn naturiol i blant Duw. Yr ydym mor ofalus i basio gwerthoedd ymlaen i'n plant, ond faint ohonom ni yng Nghymru heddiw sydd yn trosglwyddo rhyfeddod mawredd Duw i'n plant a'n hwyrion? Mae'n arswydus i feddwl mai trwy glywed rhegfeydd y mae llawer o blant Cymru yn clywed am Dduw gan eu rhieni bellach.

DAIONI A THRUGAREDD (8-9)

Y peth sydd yn ein taro wrth ddarllen am nodweddion Duw yw fod popeth sydd yn wir amdano yn ei fawredd yn berffaith wir, a'i holl nodweddion yn berffaith ac yn absoliwt.

Y mae pob un ohonom yn dda wrth arall weithiau, a phob un ohonom yn drugarog at rywun o bryd i'w gilydd. Y mae rhai pobl na chaiff ein trugaredd na'n daioni, oherwydd ein bod yn bechaduriaid ac yn anghyson ac oherwydd na allwn ymwneud â phawb yn y byd beth bynnag.

Dyma sydd yn dangos rhyfeddod mawredd Duw, ei fod yn gyson ei ddaioni a'i drugaredd ac yn absoliwt, yn dda ac yn drugarog yn ei ffordd o drin pawb.

STAMP Y GWNEUTHURWR (10)

Mae 'na lawer o bobl â diddordeb mawr mewn 'antiques' yn ein dyddiau ni. Byddaf yn clywed pobl yn ffonio'n obeithiol i ryw raglen radio gan obeithio bod eu plat neu eu pot blodau yn werth miloedd. Un cwestiwn bydd yn cael ei ofyn o hyd yw: *'Ydy enw a stamp y gwneuthurwr arno?'* O gael enw a stamp cwmni enwog mae'n bosib bod y gwrthrych yn werthfawr. Dywed Dafydd fod holl waith Duw yn ei ganmol oherwydd bod stamp ei fawredd a'i ogoniant arno.

Gwaith saint Duw yw dangos hyn i bobl sydd yn ddall i ddaioni a mawredd a gogoniant Duw. Rhan allweddol o'n tystiolaeth ni i Dduw, felly, yw dangos i ddynion ryfeddod ei fawredd, a gogoniant ei holl weithredoedd. Gogoniant y creu, gogoniant ei ras, gogoniant ei drugaredd a'i ddaioni.

TEYRNAS RYFEDDOL (13)

Mae Dafydd hefyd yn sôn am ryfeddod teyrnas Dduw. Yn gyntaf mae'n sôn am deyrnas dragwyddol ei pharhad.

Mae llawer o frenhinoedd ac ymerodraethau wedi bod yn fawr ac yn ysblennydd yn eu hamser, ond yna mae eu hamser yn dod i ben. Dros dro yr oedd ymerodraeth fawr Babilon. Cafodd Nebuchadnesar yr Ymerawdwr mawr freuddwyd yn dangos y byddai ei deyrnas ef a'r teyrnasoedd ar ei ôl yn codi ac yn disgyn ond y byddai teyrnas Crist yn cynyddu ac yn cynyddu o hyd.

'Llywodraeth faith y byd
Sydd yn ei llaw;
Mae'n tynnu yma i lawr
Yn codi draw:
Trwy bob helyntoedd blin,
Terfysgoedd o bob rhyw,
Dyrchafu'n gyson mae
Deyrnas ein Duw.'

Mae nerth arbennig yn perthyn i deyrnas yr Arglwydd hefyd. Mae'n teyrnasu yn y nef a'r ddaear, er na welwn hynny ar hyn o bryd. Mae llawer i unben wedi breuddwydio am deyrnas fyd-eang, ond heb sylweddoli'r freuddwyd. Roedd y Diafol ei hun yn breuddwydio mai ef fyddai brenin yr holl-fyd, ond Iesu Grist yn unig yw brenin y cwbl.

'Yr Iesu a deyrnasa'n grwn,
O godiad haul hyd fachlud hwn;
Ei deyrnas â o fôr i fôr,
Tra fyddo llewyrch haul a lloer.'

MAWR EI FFYDDLONDEB

Mae rhyfeddod arbennig yn perthyn i fawredd ffyddlondeb yr Arglwydd. Mae'n ffyddlon yn ei holl eiriau, hynny yw, mae'n cadw ei holl addewidion. Mae sawl llywodraeth wedi ennill cefnogeth y bobl ar sail addewidion na chadwyd atynt ar ôl i'r llywodraeth ddod i rym. Ond nid felly yr Arglwydd, **"oblegid holl addewidion Duw ynddo ef ydynt ie, ac ynddo ef amen..."**

Gwelwn hefyd mai *teyrnasiad tyner* yw eiddo'r Arglwydd. Tra bod llawer o frenhinoedd wedi cipio'r frenhiniaeth trwy drais, ac wedi teyrnasu trwy ofn, y gwrthwyneb sydd yn wir am Deyrnas ein Duw. Dywed Dafydd ei fod yn cynnal y syrthiedig ac yn unioni'r gwargam. Mor wahanol yw hyn i'r agwedd sydd gan lawer o gael gwared ar yr amddifaid neu'r anabl.

Ni all neb ffeindio fod Duw yn anghyfiawn nac yn anffyddlon. Nodweddion sydd yn perthyn i ni fel dynoliaeth syrthiedig yw'r rheini. Yn wir mae pawb sydd yn ceisio Duw o ddifrif yn profi ei fod yn agos a bod ei air yn wirionedd.

Clywais yn ddiweddar am ddyn ifanc galluog a benderfynodd gwneud ymchwil fanwl i Gristnogaeth a chrefyddau eraill er mwyn darganfod pa un oedd yn wir, ac yn ei feddwl yr oedd yn weddol hyderus o brofi bod y cwbl yn wagedd. Ar ôl blynyddoedd o ddarllen a thrafod a meddwl o ddifrif, fe ddaeth i'r casgliad nad oedd unrhyw sail ganddo i beidio â chredu yn yr Arglwydd Iesu Grist ac yng ngair Duw.

Oherwydd bod mawredd cyfiawnder Duw yn absoliwt hefyd, mae'n cosbi'n dragwyddol y sawl nad yw'n ei gydnabod, nac yn dod i delerau iawn ag ef, nac yn ymddiried ynddo. Mae'n cosbi pechod y sawl nad yw'n rhoi ei ffydd ym marwolaeth Iesu Grist, oherwydd dim ond Ei aberth Ef sy'n glanhau pechod y sawl sydd yn credu ynddo.

Gadewch i ni ildio a pharchu ac addoli Duw yn ei fawredd.

Trafodwch

1. "Faint ohonom ni yng Nghymru heddiw sydd yn trosglwyddo rhyfeddod mawredd Duw i'n plant a'n hwyrion?"

2. Oherwydd y dirywiad yng Nghymru, ydym mewn perygl o golli golwg ar deyrnas Dduw ledled y byd?

3. “Mae argyfwng ffyddlondeb ymhlith Cristnogion heddiw.”

Gwers 9 DUW YN SIARAD TRWY'R GREADIGAETH (Salm 19:1-6)

O ddarllen rhan gyntaf Salm 19, fe welwn fod Dafydd yn dweud wrthym am dystiolaeth y greadigaeth i ogoniant Duw. Mae'r greadigaeth yn ein hannerch ni bob dydd mewn tair ffordd:

Adroddiad; Cyhoeddiad; Symudiad.

ADRODDIAD

Mae'n rhaid i mi gyfaddef na fyddaf yn mwynhau eistedd mewn eisteddfod yn gwrando ar nifer o adroddiadau ar ôl ei gilydd. Wedi dweud hynny, mae ambell adroddiad da yn gallu symud ac effeithio rhywun yn fawr iawn.

Er bod llawer iawn o bobl yn edmygu gwahanol elfennau o'r greadigaeth, mae'n gwestiwn faint ohonom sydd yn gwrando ar yr hyn mae'n ei ddweud am y Creawdwr. Dywed yr Apostol Paul fod cysylltiad agos rhwng y greadigaeth a'r Arglwydd Iesu Grist: **"Trwyddo ef ac er ei fwyn ef y mae pob peth wedi ei greu."** Tra bod llawer o bobl ac o sectau heddiw'n canmol a hyd yn oed yn addoli *"Natur"*, ychydig sydd yn gweld y Duw bendigedig a greodd natur a'r holl greadigaeth.

Yr ydym yn gwybod mai ychydig sydd yn darllen eu Beiblau yng Nghymru erbyn hyn, ond ychydig hefyd sydd yn gwrando ar Feibl y greadigaeth. Dywedodd Clement o Alexandria mai ***"y byd yw Ysgrythur Duw, y Beibl cyntaf a wnaeth Duw er hyfforddiant dyn"***. Ond er mai ychydig sydd yn gwrando, mae pawb wedi gweld, ac felly yn ddiesgus yn ôl yr Apostol Paul. Dywed fod *tragwyddol allu a duwdod* y Creawdwr i'w gweld yn eglur **"yn y pethau a greodd"**. (Rhuf.1:20)

Ac eto mae'n rhaid cydnabod na fuasai unrhyw un yn dod i achubiaeth ac adnabyddiaeth o'r Arglwydd Iesu Grist trwy'r greadigaeth yn unig. Yn wir, heb ddatguddiad yr Ysgrythur ac ymgnawdoliad Mab Duw, byddem mewn tywyllwch o hyd.

CYHOEDDIAD

Faint o bobl sydd yn cymryd sylw o'r cyhoeddiadau yn y capel? Faint sydd yn darllen cyhoeddiadau'r Cyngor Sir? Mae pawb ohonom yn sylwi mwy ar rai cyhoeddiadau nag eraill mae'n siŵr. Mae'n broblem arall os awn i wlad ddieithr a cheisio darllen arwyddion a hysbysebion. Bryd hynny mae'n rhaid goresgyn problem iaith. Yr oedd dyn o'r enw Zamenhof yn credu y gallai oresgyn problem gyfathrebu trwy'r byd trwy ddyfeisio iaith ryngwladol gynorthwyol o'r enw Esperanto. Er ei ymdrechion dyw'r iaith ddim wedi dod i mewn i fywyd yr holl fyd.

Yr ydym ni'n ymwybodol o broblem iaith yng Nghymru. Cymraeg yw ein hiaith ac mae deall Cymru a'r Cymry yn gorfod cynnwys, o reidrwydd, llawer ynglŷn â'r iaith. Hefyd y mae pobl sydd yn teithio ac yn symud i wlad arall i weithio (e.e. cenhadon) yn gorfod ymdopi â dysgu'r iaith er mwyn cyfathrebu ac uniaethu gyda phobl y wlad. *Ond mae'r nefoedd yn gwneud eu cyhoeddiadau ym mhob gwlad heb orfod poeni am iaith lafar y bobl.*

A gallem gasglu llawer o wybodaeth ac o gysur ac o fendith wrth wrando'n well ar gyhoeddiadau'r greadigaeth. Dywed yr Arglwydd Iesu wrthym fod gofal Duw o'r lili ac adar yr awyr yn profi na fydd yn ein gadael ni'n amddifaid chwaith. Yn wir, trwy gymryd sylw manwl o symudiadau'r sêr yr arweiniwyd y gwŷr doeth at y Meseia.

Defnyddiodd Duw y sêr fel darlun i Abraham o'r ffaith y byddai ei ddisgynyddion yn ddi-rifedi. Wrth i ni edrych ar sêr y nef, felly, gallwn gofio, er i ni deimlo'n unig iawn fel Cristnogion a chredinwyr ar brydiau, fod teulu'r ffydd yn cynnwys plant, ac felly brodyr a chwiorydd i ni, sydd â'u nifer yn amhosibl i'w cyfrif.

Disgrifia Iesu ei hun fel y seren fore yn Datguddiad 22:16, ac wrth i ni weld y wawr yn torri weithiau, gallwn gofio y daw goleuni tragwyddol i ni er fod ein hamgylchiadau'n dywyll ar hyn o bryd yn y byd efallai.

Enw'r astrolegwyr ar y Llwybr Llaethog yw "Priffordd y Brenin", ac wrth i ni edrych arno ar noson glir, dylem gofio Brenin Brenhinoedd ac Arglwydd Arglwyddi. Gallwn fyfyrio a meddwl am y ffaith y bydd yn dod yn ôl trwy'r awyr ryw ddydd, fel brenin a barnwr. Daw hynny â rhybudd a chysur i ni. Y rhybudd yw bod rhaid paratoi pobl a cheisio'u perswadio i gymodi â Duw cyn iddi fod yn rhy hwyr. Y cysur i blant Duw yw y bydd yr Arglwydd cyn hir yn dod yn ôl er mwyn ein cymryd ni ato ef ei hun.

SYMUDIAD

Bu llawer yn cymryd sylw o'r gomed 'Hale-Bopp' ym 1997, ac yn dilyn ei hynt gyda diddordeb. Ambell waith fe welwn seren wib, a bydd hynny yn ein rhyfeddu. Bydd plant wrth eu bodd yn gweld tân gwyllt yn mynd trwy'r awyr ac yn rhyfeddu wrth i'r lliwiau llachar oleuo'r ffurfafen. Ac mae Dafydd yn dweud bod symudiad yr haul hefyd yn arwyddocaol. Mae wedi cael ei osod fel cawr yn y ffurfafen. Dyma yw ei babell neu ei gartref.

Ac eto mae'r haul yn dweud rhywbeth am yr Arglwydd Iesu Grist. Fel mae'r haul yn goleuo'r holl fyd yn ei dro, mae teyrnas Crist yn ymestyn hefyd i bob man yn y byd. Oherwydd disgleirdeb yr haul ni allwn fynd yn rhy agos ato, ac mae'n rhaid cuddio ein llygaid a'n cyrff oddi wrtho ar brydiau; ac mae'r un peth yn wir am ogoniant Duw.

Bu'n rhaid i Dduw roi Moses mewn hollt yn y graig cyn iddo basio heibio 'wysg ei gefn' fel petai.

Bu'n rhaid i Fab Duw orchuddio ei ogoniant mewn cnawd er mwyn dod i'n plith i'n hachub.

Dylai'r parch sydd gennym at belydrau'r haul ein hatgoffa o'r parchedig ofn sydd yn ddyledus i'r Arglwydd Dduw.

Ac y mae'r proffwyd Malachi yn disgrifio'r Meseia fel **"Haul cyfiawnder"**. Bydd hwn, meddai, yn llosgi ac yn difa ei elynion yn sofl ond yn dod â meddyginiaeth i'r rhai sydd yn credu ynddo.

Boed i ni wrando a sylwi'n well ar neges y greadigaeth ynglŷn â gogoniant ein Duw!

Trafodwch

1. "Mae'r sawl nad yw'n credu mewn Creawdwr yn ddall."

2. Ydyn ni'n euog o edmygu'r greadigaeth yn fwy na'r Creawdwr?

3. Ydyn ni wedi colli'r ddawn i ryfeddu at ogoniant creadigol Duw?

Gwers 10 DUW YN SIARAD TRWY HANES (Salm 78)

Efallai bod rhai yn cael hanes yn bwnc diflas. Mae'r Beibl yn ei weld fel pwnc pwysig a gwerthfawr, os gallwn elwa oddi wrtho yn ein bywydau personol. Mae'r salm hon yn olrhain tipyn o hanes Israel, er mwyn cyflwyno gwersi pwysig i'r genhedlaeth ar y pryd a'r cenedlaethau fyddai'n dilyn. Mae Asaff yn dweud wrthym pam mae edrych 'nôl i hanes pobl Dduw mor bwysig.

Yn gyntaf, y nod yw ein harwain i *ffydd yn Nuw ac i ufudd-dod iddo* (ad. 7), lle byddwn yn dod i'r casgliad, os yw Duw wedi gwneud hyn o'r blaen, fe all ei wneud eto. Ac wrth astudio gwaith Duw o'r blaen dylai ein hyder ynddo gynyddu. Yn ail, y nod yw helpu'r genhedlaeth bresennol i *osgoi trasiedi a ffolineb anghrediniaeth y tadau* (ad. 8).

Wrth edrych ar y salm fe welwn bedair thema'n dod allan yn glir drwyddi:

Gallu Duw; Trugaredd Duw; Ffolineb anghrediniaeth dyn; Cyfiawnder Duw.

GALLU DUW

Yr ydym wedi clywed sawl un yn rhoi tystiolaeth i waith Duw yn eu bywyd. Yn anffodus, weithiau fe gawn fwy o argraff o'r person ei hun nag o Dduw ac o ryfeddod ei waith a'i allu. Dydy hynny ddim yn wir am Asaff yn y Salm hon. Nid canmol Israel yw'r nod, ond canmol gallu Duw.

Mae'n awyddus i drosglwyddo ac i adrodd am **"weithredoedd gogoneddus yr Arglwydd, a'i rym"**.

Arglwydd y dyfroedd. Mae adnodau 13-16 yn dwyn i gof allu Duw yn rheoli'r dyfroedd wrth agor y Môr Coch, ac yn peri i ddŵr ddod o'r graig yn yr anialwch.

Efallai mai'r wers bwysicaf am allu Duw yw: **"gyda Duw y mae pob peth yn bosibl"**. (Math.19:26)

DIWALLU POB ANGEN

Yn adnodau 23-29 cawn hanes Duw yn rhoi'r manna o'r nef a'r soflieir yn fwyd i'w bobl.

Gall yr Arglwydd ein digoni o ddydd i ddydd. Does dim angen i ni fyw ar ddoe, nac i ofni'n ormodol ynglŷn â darpariaeth yr Arglwydd ar ein cyfer. Gallwn fod yn siŵr felly, *fod digon at bob gofyn yn yr Arglwydd.* Gallwn fwynhau moethusrwydd mewnol beunyddiol trwy'r Un a wnaeth y fath ryfeddodau.

Gweithredu ar ran ei bobl. Peth gwerthfawr iawn i blant sydd mewn trafferth yn yr ysgol yw cael brawd mawr. Mae nodi hyn wrth ryw fwli wedi cadw sawl un rhag cael ei gam-drin, a rhag bywyd annioddefol.

Yn adnodau 43-55 mae Asaff yn ein hatgoffa o weithredoedd Duw er mwyn rhyddhau ei bobl o'r Aifft a'u harwain i wlad yr addewid. Fel brawd mawr, Duw oedd yn gwneud y gwaith i gyd ar ran ei bobl.

Felly os oes rhyw elyn neu sefyllfa sy'n ymddangos yn amhosibl yn ein poeni, gallwn ymddiried yn ein *Brawd mawr* i weithredu ar ein rhan.

TRUGAREDD DUW

Yn dilyn yn dynn ar sodlau gallu Duw yn y salm mae ei drugaredd hefyd. Ac mae Asaff yn ein hatgoffa fod ffordd Duw o drin ei bobl yn drugarog bob amser. Er nad oedd eu hedifeirwch yn ddilys, yr oedd yn maddau, ac yn dal yn ôl ei lid. (37)

Yr oedd yn eu trin yn ôl eu gallu (38). Dydy Duw byth yn afresymol yn ei ofynion i ni.

'Fel Tad wrth ei blant y tosturia,
Mae'n cofio mai llwch ydynt hwy.'

Wrth glywed am blant yn gorfod mynd i fyny'r simnai yn y dyddiau a fu, ac yn gorfod gweithio oriau hir mewn oed ifanc, mae'r peth yn ein taro fel arfer cwbl afresymol. Dyw rhieni sydd yn afresymol â'u plant ddim yn debyg i'r Tad nefol. Dylem gofio, felly, fod ei ofynion yn rhesymol, beth bynnag a ddywed y Diafol wrthym er mwyn ceisio ein harwain i anufudd-dod.

AMYNEDD ANHYGOEL

Peth arall sydd yn dangos trugaredd Duw yw ei amynedd. Er bod ei bobl mor wrthnysig, ac er ei fod yn eu ceryddu ac yn eu cosbi, cyn hir bydd wedi cynllunio bendith ar eu cyfer unwaith eto.

Cas bethau. Mae gan bob un ohonom ei gas beth. Rhyw bethau mae'n rhaid eu gwneud er nad ydym yn eu mwynhau o gwbl. Rwy'n cofio rhywun yn dweud wrthyf rywbryd ei fod yn addo gwobr i'w hunan ar ôl cyflawni ei ddyletswydd amhleserus.

Ac mae'n ymddangos i mi fod yr Arglwydd yn casáu cosbi gymaint, nes ei fod yn gorfod codi ei galon wrth gynllunio trugaredd a bendith newydd.

FFOLINEB ANGHREDINIAETH DYN

Wrth gofio rhai pethau yn ein hanes byddwn yn rhyfeddu sut allem fod mor wirion ac mor ffôl mewn rhyw sefyllfa arbennig. Mae hanes Israel yn frith o ddigwyddiadau sydd yn profi ffolineb anghrediniaeth pobl Dduw, ac mae'n wers barhaus i ni.

Anniolchgarwch. Mae hyn yn nodwedd o'r Israeliaid yn yr anialwch. Doedden nhw byth yn hapus. Doedden nhw byth yn gofyn gan yr Arglwydd am help o ddiolchgarwch am help blaenorol, ond yn achwyn ac yn cwyno ei fod wedi dod â nhw i le sâl, ac nad oedd pethau'n well arnynt. (ad. 17-20)

Er gwaethaf rhybuddion, sawl cerydd a daioni di-baid Duw, doedden nhw ddim yn fodlon rhoi eu calon iddo. (ad. 36-37) Mae'n anodd dod o hyd i eiriau i ddisgrifio'r fath ffolineb. *Allai neb wneud mwy drostynt.*

Ond cyn i ni wfftio gormod ar yr hen genedl mae'n rhaid i ni gofio ein bod ni *yn fwy ffôl os ydym yn cadw ein calon oddi wrth yr Arglwydd.* Yr ydym ni wedi gweld ei gariad yn ei gyflawnder yn Iesu Grist a'i groes. Boed i ni weddïo ar yr Arglwydd i roi calon o gig i ni i ymateb yn iawn i'w ddaioni a'i drugaredd.

CYFIAWNDER DUW

Thema arall sydd yn glir iawn yn y salm yw bod Duw yn gyfiawn, ac na allwn chwarae o gwmpas gydag ef. **"Peidiwch â chymryd eich camarwain; ni chaiff Duw mo'i watwar, oherwydd beth bynnag y mae dyn yn ei hau, hynny hefyd y bydd yn ei fedi."** (Gal.6:7)

Fe brofodd yr hen genedl hyn droeon a bu'n boenus iawn iddynt. Collwyd cenhedlaeth gyfan yn yr anialwch oherwydd eu hanghrediniaeth. Mae'r hanesion a groniclir yn y salm yn dangos bod yr Arglwydd yn ymateb i ddrygioni dyn, er ei fod yn dal yn ôl yn hir cyn gweithredu. Dangoswyd ei gosb a'i gerydd *trwy farwolaeth* (31), *trwy gaethglud* (61), *trwy sefydlu ei gysegr yn Jerwsalem yn hytrach na Seilo* (60 a 69), *trwy beri i Effraim golli bendith* (67) a dewis bendithio Jwda yn hytrach.

Mae'r digwyddiadau hyn yn rhybuddion llymion i ni beidio â chymryd Duw yn ysgafn.

Rhodded yr Arglwydd ras i ni ddysgu oddi wrth yr hyn mae'n dweud wrthym trwy Hanes.

Trafodwch

1. "Dylem ddarllen llawer mwy o hanes yr eglwys."

2. "Wrth ddysgu am ddoe gallwn osgoi camgymeriadau heddiw ac yfory."

3. Ydyn ni'n ailadrodd hanes?

Gwers 11 DUW YN SIARAD TRWY'R GYFRAITH (Salm 19: 7-14)

Roedd hanner cyntaf y Salm hon yn sôn am Dduw yn siarad trwy'r greadigaeth, tra bod yr ail hanner yn sôn am Dduw yn siarad trwy ei air llafar (a gafodd ei ysgrifennu wedyn). Mae ail hanner Salm 19 yn dangos pa mor werthfawr yw gair yr Arglwydd Dduw, a'i fod yn llawer mwy galluog na geiriau a dyfeisiau dynion.

Y Gyfraith; Gwerth y Gyfraith; Y Gyfraith a'r Galon.

Y GYFRAITH

Pan mae Dafydd yn sôn am y Gyfraith mae'n cyfeirio at bum llyfr Moses, sef y pum llyfr cyntaf yn y Beibl. Ar y pryd, dyna oedd Beibl pobl Dduw. Ond wrth i ni ddarllen y Salm fe welwn ni fod yr hyn mae Dafydd yn dweud am y Gyfraith yn wir am fod y Gyfraith yn air Duw. Felly, mae geiriau'r salm yn disgrifio hefyd yr holl Ysgrythur, holl air Duw. Nid canmol y Gyfraith yn ei hunan y mae Dafydd, ond dangos ei gwerth fel *Cyfraith yr Arglwydd.*

Ac roedd yr Arglwydd Iesu ei hun yn gweld yr holl Hen Destament fel gair Duw. Mae'n dyfynnu'n gyson yr hyn sydd yn ysgrifenedig yn y Gyfraith a'r Proffwydi. Fe ddywedodd hefyd wrth y ddau ddisgybl oedd ar y ffordd i Emaus *mai Ef ei hunan oedd yr allwedd i ddeall yr hen Destament.*

"A chan ddechrau gyda Moses a'r holl broffwydi, dehonglodd iddynt y pethau a ysgrifennwyd amdano ef ei hun yn yr holl Ysgrythurau." (Luc 24:27)

Fe ddywedodd yr Arglwydd hefyd wrth ei ddisgyblion y byddai'r Ysbryd Glân yn eu harwain **"i bob gwirionedd"**. (Ioan 16:13). Byddai hefyd yn *dysgu popeth iddyn nhw* ac yn *eu hatgoffa o'r cwbl a ddywedodd wrthynt.* (Ioan 14:26)

Felly mae'r hyn a ddywed Dafydd am y Gyfraith yn wir am y Beibl. Ac mae angen mawr arnom yng Nghymru i gofio fod y Beibl yn air Duw, er mwyn profi ei werth anhygoel yn ein bywydau, ac er mwyn i ni glywed Duw yn siarad â ni heddiw, a chael ein harwain i'r bywyd tragwyddol.

GWERTH Y GYFRAITH

Mae Dafydd yn dweud pump o bethau wrthym am air Duw, ac yna mae'n dweud beth yw'r effaith ar y rhai sydd yn pwyso arno ac yn plygu iddo.

a. **Cyfraith Berffaith.** Mae'n disgrifio cyfraith Duw fel un berffaith. Y peth sydd yn dangos hynny yw ei fod yn *troi* neu yn *adfywio'r enaid.* Mae 'na elfennau da mewn nifer o gyfreithiau dynol, ond dydyn nhw ddim yn gallu peri tröedigaeth wirioneddol yn yr enaid. Dydyn nhw ddim yn gallu bywhau, neu aileni pechadur a newid ei ddymuniad o fod yn wrthryfelgar yn erbyn Duw i fod yn eiddgar i'w wasanaethu â'i holl galon. Dim ond gair Duw sydd yn gallu gwneud hyn. **"Yr ydych wedi eich geni o'r newydd, nid o had llygradwy, ond anllygradwy, trwy air Duw, sydd yn fyw ac yn aros."** (1 Pedr 1:23)

b. **Tystiolaeth sicr.** Mae Dafydd yn dweud fod y Beibl yn dystiolaeth o gymeriad Duw a chymeriad dyn a'r ffordd y gall dyn ddod yn iawn gyda Duw. Mae'n dweud fod y dystiolaeth yn sicr. Felly gallwn gredu fod Duw wedi agor y Môr Coch er mwyn i'w bobl fynd trwyddo. Gallwn gredu fod Moses wedi gweld rhywfaint o ogoninant Duw, ac y gallwn ni weld ei ogoniant hefyd wrth ymddiried yn Iesu Grist. Gallwn gredu fod Crist wedi siarad â Saul o Darsus ar y ffordd i Ddamascus, ac y bydd yn siarad â ni trwy ei air hefyd. Gallwn gredu bod y disgyblion wedi derbyn yr Ysbryd Glân ar Ddydd y Pentecost ac y gallwn ninnau hefyd ei dderbyn.

Wrth ymateb i'r dystiolaeth, mae pobl yn dod i ymddiried yn Nuw, ac mae hynny'n eu gwneud yn ddoeth, oherwydd **"dechrau doethineb yw ofn yr Arglwydd"**. (Salm 111:10)

c. **Deddfau cywir.** Y mae llawer o bobl yn ein gwlad ni heddiw yn tybio bod nifer o ddeddfau Duw yn anghywir. Yr ydym wedi cefnu ar lawer ac wedi gosod deddfau eraill yn eu lle. Gallem feddwl am y ddeddf ynglŷn â'r Saboth, bod un diwrnod er mwyn gorffwyso. Gallem feddwl am y ddeddf ynglŷn â godineb neu'r bywyd 'hoyw'.

Mae cyfraith gwlad bellach yn adlewyrchu barn y bobl yn hytrach na safonau Duw. Ond dywed Dafydd fod deddfau'r Arglwydd yn gywir, oherwydd eu bod yn llawenhau'r galon.

Dyma lle mae'r Diafol yn dallu cynifer o bobl sydd yn meddwl bod deddfau Duw yn anghywir am eu bod yn ein harwain i anhapusrwydd wrth i ni golli'r rhyddid i wneud fel y mynnom. *Bwriad calon Duw yw ein harwain i lawenydd.*

ch. **Gorchymyn pur.** Mae gair Duw yn bur. Dydy e ddim yn llwgr, fydd e ddim yn ein siomi. Ni fyddwn yn darganfod fod addewidion Duw yn ein gadael i lawr. Yng ngair Duw cawn oleuni ar fywyd ac ar farwolaeth, goleuni i'n hadnabod ein hunain, goleuni i weld Duw a'i adnabod Ef trwy Iesu Grist.

d. **Barnau gwir.** Yr ydym yn byw mewn gwlad lle mae system gyfreithiol o safon uchel iawn, ac mae'n rhaid i ni fod yn ddiolchgar am hynny. Serch hynny, yr ydym ni'n gyfarwydd â gweld carcharorion yn cael eu gollwng yn rhydd am iddynt gael eu condemnio ar gam. Ond mae barnau yr Arglwydd yn berffaith ac yn wir. Mae yr hyn mae Ef yn ei ddweud am ddynoliaeth ac am ei hunan, am fywyd a thragwyddoldeb, am ddrygioni a daioni, yn wir. *Nid rhagfarn sydd yn y Beibl ond Barnau yr Arglwydd.* Am eu bod yn wir gallwn ymddiried yn llwyr ynddynt a phrofi eu bod yn llesol iawn i ni. Maen nhw'n fwy gwerthfawr nag aur coeth. Hynny yw, cawn fwy o gyfoeth o'r Beibl nag unrhyw druan sydd yn ennill y loteri. Am eu bod yn felysach na mêl maent yn rhoi mwy o egni i'r enaid nag unrhyw gyffur i'r corff. Mae 'na rybuddion hefyd i'n cadw rhag niwed, rhag difetha ein bywyd trwy ddilyn llwybr pechod.

Y GYFRAITH A'R GALON

Dywedodd Duw wrth Jeremeia ei fod yn mynd i ysgrifennu ei gyfreithiau ar galonnau ei bobl. Dyna oedd y cyfamod newydd. Nid gorchmynion ar lechi, a'r bobl yn eu cadw'n allanol heb blygu i Dduw yn eu calon fel oedd yn digwydd yn amser y proffwyd ond bod pobl Dduw yn caru'r gorchmynion yn eu calonnau.

I rai mae'r Beibl fel gorchmynion ar lechi. Mae'n llawn geiriau caled gan Dduw caled sydd am ddifetha ein bywyd.

I blant Duw mae'r Beibl yn gynhaliaeth fewnol, yn ffynnon o fywyd, yn sicrhau eu bod yn cadw mewn cysylltiad â'r Arglwydd sydd wedi dod yn fyw ac yn real iddynt.

Beth yw'r Beibl i chi sy'n darllen hwn heddiw? Sut mae profi'r bendithion a'r lles mawr mae Dafydd yn sôn amdanynt?

Dewch at y Beibl fel *gair Duw*. Dewch i *wrando* ar yr hyn mae'n ei ddweud. Dewch i *dderbyn* y gair yn ostyngedig. Dewch i *fwydo* eich enaid arno, a chewch chi fyth eich siomi.

Mae Dafydd yn cloi wrth ddweud ei fod am i'w holl fywyd fod yn unol â gair Duw. Dyma'r dyn y dywedodd Duw amdano ei fod **"yn ŵr wrth fodd fy nghalon"**.

Diolch i Dduw am ei air.

Trafodwch

1. A glywsoch Dduw yn siarad â chi trwy'r Beibl?

2. Oes posib dyrchafu'r Beibl yn ormodol?

3. "Yr arwydd cyntaf o fendith mewn gwlad yw cynnydd aruthrol yn y gofyn am Feiblau."

Gwers 12 DUW YN SIARAD TRWY BROFIADAU BYWYD (Salm 51)

Mae hon yn salm enwog iawn o eiddo Dafydd. Mae'n dangos dyfnder pechod a dyfnder gras Duw ar yr un pryd. Mae'n salm sydd yn arweiniad clir i'r Cristion sut i ddelio â phechod. Ni all y sawl sydd heb Grist gyffesu ei bechodau na derbyn maddeuant, heb iddo'n gyntaf gael y Gwaredwr. Ond mae ar y Cristion yntau, sydd wedi ei gymodi â Duw trwy gyfiawnder Iesu Grist, angen gwybod sut i ddygymod â phechod sydd yn dal i'w faglu o bryd i'w gilydd.

Profiadau Dafydd; Pechodau Dafydd; Prydferthwch gras Duw.

PROFIADAU DAFYDD

Mae pennawd y Salm yn rhoi cefndir y cynnwys i ni. Ceir hanes pechod Dafydd yn erbyn Ureia a Bathseba, ac ymweliad Nathan ag ef yn 2 Samuel 12:1-14. Yr hyn a gawn yn y salm, felly, yw ymateb Dafydd i ymweliad Nathan ar ôl iddo sylweddoli ei bechod. Mae'r Salm hon yn help mawr i'r Cristion wrth iddo geisio delio â phrofiad tebyg i brofiad Dafydd, beth bynnag fyddo'r pechod.

PECHODAU DAFYDD

Gallem ddweud fod Dafydd yn euog o *chwenychu gwraig ei gymydog, o dwyll yn ei ffordd o drin Ureia, ac o gynllwynio i gael dyn wedi ei ladd.* Yr oedd felly wedi ei demtio ac yr oedd wedi syrthio i bechodau difrifol a gwneud llanast ofnadwy. Yn y saith adnod gyntaf mae Dafydd yn cydnabod ei bechod ac yn edifarhau gerbron Duw.

Mae'n *cydnabod bai.* Mae hyn yn arwydd o waith mewnol Ysbryd y Gwirionedd. Dyfais yr Un Drwg yw ein cael i wadu ein bai gerbron Duw. **"Os dywedwn ein bod yn ddibechod yr ydym yn ein twyllo ein hunain, ac nid yw'r gwirionedd ynom. Os cyffeswn ein pechodau, y mae ef yn ffyddlon ac yn gyfiawn, ac**

fe faddeua felly i ni ein pechodau.” (1 Ioan 1:8-9)

Mae’n gwybod ei fod yn euog. Y mae wedi torri Cyfraith Duw a’r unig ddedfryd y gellid ei roi arno yw - euog.

Mae’n *adnabod pechod.* Mae’n sylweddoli ei fod wedi tramgwyddo Duw. Byddai llawer ohonom yn gweld yn glir fod Dafydd wedi pechu yn erbyn Bathseba ac Ureia, heb weld mor glir efallai ei bechod yn erbyn Duw. Ond hanfod pechod yw anufudd-dod i Dduw. Yn aml iawn mae hynny’n ein harwain i wneud drwg i’n cymydog hefyd. Pe baem ni’n ufudd i Dduw ni fyddem yn niweidio ein cymydog ychwaith.

Mae’n *bechadur greddfol.* Nid barddoniaeth gywrain yw adnod pump, ond gwirionedd sylfaenol sydd yn ein helpu ni i ddeall ein problem fel dynoliaeth a’n pellter oddi wrth Dduw. Mae Dafydd yn sylweddoli ei fod wedi ei eni gyda thueddiad greddfol i bechu ynddo. Y term am hyn yw pechod gwreiddiol. Dyna pam y bu’n rhaid i’r Arglwydd Iesu gael ei genhedlu o’r Ysbryd Glân ac nid o had Joseff - er mwyn sicrhau ei fod yn dod i’r byd yn ddibechod, yn union fel Adda. Y gwahaniaeth mawr rhwng Iesu Grist ac Adda yw bod y naill wedi gorchfygu pob temtasiwn i bechu tra bod y llall wedi syrthio ac wedi’n tynnu ni i gaethiwed pechod gydag ef. Ond os tynnodd Adda ni i gaethiwed pechod a marwolaeth, mae Iesu Grist yn arwain pawb sydd yn credu ynddo i berthynas agos â Duw ac i fywyd tragwyddol.

Mae’n *bechadur aflan.* Mae wedi mynd allan o ffasiwn i sôn am bobl fel pechaduriaid, heb sôn am ddweud eu bod yn aflan hefyd. Ond dyma beth mae Dafydd yn ei weld yn ei hunan. Nid yw’n dweud ei fod yn aflan o’i gymharu ag eraill, ond yn aflan o’i gymharu â Duw glân a sanctaidd. Po agosaf y down at Dduw yn ei sancteiddrwydd mwyaf y gwelwn ein haflendid. Dyna brofiad Eseia yn y deml wrth weld gogoniant Duw: **“Gwae fi! . . . Dyn a’i wefusau’n aflan ydwyf, ac ymysg pobl a’u gwefusau’n aflan yr wyf yn byw.”** (Eseia 6:5)

Roedd Ann Griffiths wedi gweld yr un peth: *“Pechadur aflan yw fy enw, O ba rai y penna’n fyw.”* Ac nid agwedd afiach negyddol yw hyn, ond prawf fod person wedi gweld rhywfaint o ogoniant Duw.

PRYDFERTHWCH GRAS DUW

Er fod Dafydd yn credu yn ei lygredd, mae'n credu hefyd yng ngras Duw, a dyna mae'n galw amdano yn y Salm. Mae'n gwybod na all ei lanhau ei hun, ac mae'n gwybod na fyddai aberthu anifail yn gwneud yn iawn am ei gamwedd. Mae'n gwybod mai dim ond Duw ei hun all ei ryddhau o'i bechod a'i lanhau. Gall wneud hynny ar sail bywyd perffaith ac aberth iawnol Iesu Grist dros ein pechodau ar y groes. Dyna sut oedd Duw yn derbyn Dafydd ac yn maddau iddo, er nad oedd Crist wedi dod i'r byd eto. A dyna hefyd sut mae Duw yn derbyn pechadur heddiw ac yn ei ollwng yn rhydd o gaethiwed pechod.

Mae'r rhestr o rasusau'n fendigedig, wrth i ni feddwl am gariad a gallu Duw yn dyfeisio ffordd yn Iesu Grist a'i groes i'n hadfer a'n hadnewyddu. Mae'n gofyn am gael ei olchi. Does dim un pechod na all Duw ei olchi. **"Y mae gwaed Iesu, ei Fab ef, yn ein glanhau ni o bob pechod."** Mae'n gofyn i Dduw droi draw oddi wrth ei bechod. Mae'n gofyn iddo beidio â'i gofio, i'w fwrw allan o'i gof. Mae'r proffwyd Micha yn credu yn yr un gras : **"Pwy sydd dduw fel ti, yn maddau anwiredd, ac yn mynd heibio i drosedd gweddill dy etifeddiaeth? Bydd yn tosturio wrthym eto, ac yn golchi ein hanwireddau, ac yn taflu ein holl bechodau i eigion y môr."** (Micha 7:18-19)

Mae'n gofyn am ysbryd newydd, ufudd. Mae'n gofyn i Dduw barhau i adnewyddu ei galon a'i ddymuniad pechadurus, i newid ei galon wrthnysig am galon ufudd. Dim ond Duw ei hun all wneud hyn trwy ein haileni. Roedd Pantycelyn yn olrhain y newid ynddo ef ei hun i waith Crist:

'Ple'r enynnodd fy nymuniad?
Ple cadd fy serchiadau dân?
Ble daeth hiraeth im am bethau
Oeddwn yn gasáu o'r blaen?
Iesu Iesu,
'R cwbl ydyw gwaith dy law.'

Mae'n gofyn am lawenydd a gorfoledd a rhyddhad

iachawdwriaeth. Mae'n gofyn i'r Arglwydd gymryd baich ei bechod oddi wrtho. Mae'n gofyn am gael canu cân o orfoledd am gyfiawnder Duw, hynny yw, bod Duw yn cyhoeddi pechadur aflan yn lân ac yn gyfiawn trwy lendid a chyfiawnder Iesu Grist.

'Rwy'n greadigaeth newydd,
Rwy'n blentyn Duw oherwydd
Fe'm cyfiawnhawyd trwy ei ras.
Llawenydd sy'n ddiderfyn,
Gorfoledd wrth im ddilyn,
Fy Nuw faddeuodd im trwy ras.'

Gogoniant i Dduw am ei ras.

Trafodwch

1. "Mae gwahaniaeth mawr rhwng syrthio ar eich bai ac edifarhau."

2. "Mae rhai pechodau'n rhy fawr i'w maddau."

3. "Mae maddeuant ar unwaith trwy edifeirwch yn rhy hawdd a rhad."

RHAGFYR — DYFODIAD CRIST

Gwers 13 — DYFODIAD CRIST YR ENEINIOG

Salm 2

Un o'r pynciau sydd yn cael ei esgeuluso fwyaf gennym yw ailddyfodiad yr Arglwydd Iesu Grist. Mae'r Salm hon yn un o'r Salmau Meseianaidd, am ei bod yn cyfeirio at y Crist, ac yn cyfeirio ato fel brenin yr hollfyd a fydd yn sathru ei holl elynion dan draed, yn ei ailddyfodiad gogoneddus, am iddo etifeddu eithafoedd y ddaear yn deyrnas i'w frenhiniaeth. Caiff pob brenin arall ei gynghori i blygu iddo nawr.

Felly mae'n salm o rybudd i bawb mewn brenhiniaeth a llywodraeth, ac yna'n salm o gysur mawr i bobl Dduw sydd yn cael eu herlid gan frenhinoedd a llywodraethau ar hyn o bryd; daw teyrnas Crist i lywodraethu ar y cwbl cyn hir. Mae'r Salm yn rhannu'n bedair:

Ymddygiad y brenhinoedd; Ymateb y Brenin; Gorchymyn i'r Mab; Gorchymyn i'r brenhinoedd.

YMDDYGIAD Y BRENHINOEDD

Cawn ddarlun ofnadwy yn y tair adnod gyntaf o frenhinoedd a phenaethiaid daearol yn gwrthryfela yn erbyn Duw, a'i eneiniog, sef ei Feseia, ei Frenin dethol Ef. Maent yn creu terfysg, yn creu dychryn a niwed i bobl; maent yn cynllwynio, yn trefnu cynlluniau dirgel a chudd yn erbyn Duw a'i Fab; maent yn llercian yn llechwraidd yn barod i ymosod; maent yn awyddus i dorri'n rhydd o'r hualau y maent yn teimlo y mae Duw wedi eu gosod arnynt.

Dyma'r esboniad a gawn yn llyfr yr Actau ar y darn hwn, yn adnodau 23-30 o bennod 4. Mae Pedr ac Ioan wedi cael eu carcharu a'u holi a'u rhybuddio i beidio â lledaenu neges Crist eto, a hynny oherwydd iddynt iacháu'r dyn cloff wrth borth y deml.

Mae'r eglwys yn mynd i weddi ac yn cofio geiriau'r Salm, ac maent yn gweld bod y llywodraethwyr yn eu hamser hwy wedi cynllwynio yn erbyn Crist, **"Herod a Phontius Peilat, gyda'r**

Cenhedloedd, a phobl Israel..." a'u bod yn dal i wneud hynny wrth ymosod ar ei ddilynwyr, sef yr Apostolion. A dyna pam mae Cristnogion wedi wynebu erledigaeth hyd heddiw. Cafodd rhai o'r Cristnogion cynnar eu taflu i'r llewod neu eu llosgi, ac mae rhai heddiw yn y carchar. Mae brenhinoedd, llywodraethau a phenaethiaid seciwlar neu grefyddol yn dal i erlid heddiw mewn gwledydd fel Pakistan, Sudan, China, Twrci, Usbekistan i nodi dim ond rhai enghreifftiau. Ac mae awgrym cryf yn Datguddiad 19:19 y bydd hyn yn para tan y diwedd: **"Gwelais y bwystfil a brenhinoedd y ddaear a'u byddinoedd, wedi ymgasglu i ryfela yn erbyn marchog y ceffyl a'i fyddin."** Ond mae'r adnodau dilynol yn darlunio buddugoliaeth y "marchog", sef y Crist.

YMATEB Y BRENIN

Er fod ymddygiad awdurdodau gwrthwynebus yn gallu dychryn pobl Dduw, nid yw'r Arglwydd ei hun yn dychryn o gwbl. Nid yw'n fwy o ddychryn iddo nag i ninnau weld haid o forgrug yn ceisio troi yn ein herbyn. Dywedodd Duw wrth ei bobl trwy Jeremeia fod pob cenedl neu frenhiniaeth, gan gynnwys Israel, fel clai yn nwylo'r crochennydd. Os nad yw'r clai yn dod i'r siâp mae'r crochennydd am iddo fod, mae'n ei chwalu ac yn dechrau eto: **" Ar unrhyw funud gallaf benderfynu diwreiddio a thynnu i lawr, a difetha cenedl neu deyrnas."** (Jer.18:7)

Ac mae'r Salmydd yn darlunio Duw yn chwerthin ac yn taranu yn ei lid eiriau y chweched adnod. Oherwydd nid dim ond tynnu i lawr deyrnasoedd daearol a wna'r Arglwydd, ond hefyd sefydlu teyrnas ei Fab. Mae rhai'n meddwl mai Dafydd neu frenin arall a olygir yma, ond mae'r hyn sydd yn cael ei ddweud amdano'n nes ymlaen yn ormodiaeth llwyr wrth feddwl am frenin dynol.

Mae Duw wedi gosod ei frenin dethol ar ei fynydd sanctaidd. Mae rhai yn gweld hyn fel cyfeiriad at Jerwsalem, ac y bydd yr Arglwydd Iesu yn cael ei goroni yno mewn gogoniant. Ond er fod digwyddiadau Israel yn arwyddocaol yng nghynlluniau Duw, mae'n anodd gwybod a yw'r adnod yn broffwydoliaeth lythrennol yn yr ystyr ddaearyddol.

GORCHYMYN I'R MAB

Byddai'n haws deall adnodau 7-9 petaem yn eu darllen gyda dyfynodau o gwmpas y cyfan. Mae'r Mab yn dweud wrthym beth y mae'r Tad wedi ei orchymyn iddo. Mae adnod 7 yn cael ei dyfynnu'n aml yn y Testament Newydd yn Actau a Hebreaid ac mae'r awduron ysbrydoledig yn deall mai Crist yw'r mab ac nid y brenin Dafydd.

Cawn gipolwg yn yr adnod hon ar gyfamod a elwir *cyfamod prynedigaeth* rhwng y Tad a'r Mab. Dim ond cip a gawn o bryd i'w gilydd arno ond mae sawl cyfeiriad ato yn yr Ysgrythurau.

Gwaith y Mab oedd dod yn gnawd, dod o dan y Gyfraith, a dod yn iawn dros ein pechodau.

Addewid y Tad oedd rhoi corff di-bechod iddo (Eseia 53:9); ei eneinio â'r Ysbryd Glân (Mathew 3:16-17); bod gydag ef o hyd (Ioan 16:32), ei godi o'r bedd a'i ddyrchafu ar ei ddeheulaw (Phil.2:9-10) a rhoi iddo bob awdurdod yn y nef a'r ddaear (Mathew 28:18); fel Pen yr eglwys byddai ganddo'r Ysbryd i'w dywallt ar ei bobl (Ioan 16:7); byddai'r Tad yn rhoi llawer o eneidiau iddo i gredu ynddo (Ioan 6:44), ac na fyddent yn cael eu colli (Ioan 10:28-29); y byddai ei deyrnas yn cynnwys torf ddi-rif (Datguddiad 7:9) yn y diwedd, ac yn ymestyn i bob cwr o'r ddaear ac y byddai'n gosod ei elynion o dan ei draed.

Fe welwn fod yr adnodau hyn yn cyfeirio at yr addewid olaf yn y rhestr yna. Gwelwn, felly, fod cyfamod arbennig rhwng y Tad a'r Mab sydd yn sicrhau bywyd tragwyddol i bawb sydd yn credu ym Mab Duw.

GORCHYMYN I'R BRENHINOEDD

Mae'r tair adnod olaf yn cynnwys gorchymyn i frenhinoedd y ddaear os ydynt am osgoi'r chwalfa sy'n cael ei disgrifio yn adnod naw. Mae'r neges hefyd yn hynod addas wrth i ni geisio perswadio unrhyw anghrediniwr i droi at Grist er mwyn osgoi ei farn. Mae'r gorchymyn yn cynnwys pum elfen:

1. **Byddwch ddoeth**. Mae'r gair yn dweud mai dechrau doethineb yw ofn yr Arglwydd. Dyma'r neges i arweinwyr (ac i unrhyw berson) sydd yn gwrthwynebu hawliau Duw ar ei fywyd.

2. **Cymerwch gyngor**. Mae hon yn apêl arnynt i fod yn fodlon i wrando ar gyngor sydd yn anelu at gymod gyda Duw. Bu Naaman y Syriad yn araf i ufuddhau i neges Eliseus i fynd i'r Iorddonen i ymdrochi seithwaith. Ond bu'n ddigon doeth i gymryd cyngor ei weision, sef i ufuddhau i'r neges syml er fod hynny'n golygu llyncu ei falchder. (2 Bren.5:13)

3. **Gwasanaethu'r Arglwydd**. Caiff y gwrthryfelwr ei annog i droi ei egni i wasanaethu Duw yn hytrach na gwasanaethu drygioni a'r Un drwg. Un o brif nodweddion gwaith Satan yw ein harwain i amau daioni Duw a'n perswadio ei fod am ein caethiwo yn hytrach na'n rhyddhau.

4. **Llawenhewch mewn dychryn** (Beibl William Morgan). Mae'r gwrthdaro hwn yn ddiddorol iawn. Mae rhai Cristnogion yn pwysleisio'r llawenydd wrth addoli Duw, ond weithiau maent yn anghofio'r angen am gryndod, sef parchedig ofn gerbron ein Tad Nefol. Mae Cristnogion eraill, fodd bynnag, yn pwysleisio'r angen am barchedig ofn a chryndod ar draul esgeuluso a cholli'r llawenydd. Yn yr ymadrodd yma cawn gydbwysedd gwerthfawr iawn.

5. **Cusanwch y Mab** (B.W.M.). Nid cusan ramantus ydy hon wrth gwrs, ond cusan i dalu gwrogaeth i frenin. Cusan o ymostyngiad ac ymlyniad wrth y brenin. Dyna'r neges i frenhinoedd y ddaear ac unrhyw anghredadun gwrthryfelgar hefyd.

Diolch am Salm sy'n ein hatgoffa o agwedd yr Un drwg a'i bobl yn erbyn Duw a Christ. Diolch am nerth y Goruchaf i'w trechu. Diolch am frenin sydd yn Waredwr ac yn gyfaill i'r pechaduriaid sy'n troi ato, ac a fydd yn delio â phob gwrthryfel ystyfnig ryw ddydd. Diolch am rybudd i'w gyfleu i arweinwyr neu anghredinwyr sydd yn tynnu'n groes i Dduw. Diolch i Dduw am y Salm.

Trafodwch

1. Ydyn ni'n euog o anghofio ein brodyr a'n chwiorydd yn y Ffydd sydd yn dioddef ar hyn o bryd?

2. Ydyn ni'n gwneud digon i ddylanwadu ar ein llywodraeth?

3. Ydyn ni wedi colli golwg ar yr angen i baratoi pobl ar gyfer ail-ddyfodiad Crist?

Gwers 14 DYFODIAD CRIST Y PRIODFAB (Salm 45)

Salm briodasol yw hon, yn disgrifio priodas frenhinol. Ond cyn hir fe welwn nad brenin daearol sydd mewn golwg yma eithr Brenin brenhinoedd, sef y Crist. Mae hon, felly, yn Salm Feseianaidd. Mae Hebreaid 1:8-9 yn dyfynnu adnodau 6-7 gan gyfeirio at Grist.

Mae'r darlun o Grist fel Priodfab yn hyfryd, a'r syniad ohono'n dod i briodi ei bobl, sef ei eglwys, sef pawb sydd yn ymddiried yn bersonol ynddo fel Gwaredwr ac Arglwydd. Mae'r thema o'r Arglwydd yn priodi dynion yn rhedeg trwy'r Ysgrythurau. Dywed Duw wrth ei bobl yn Eseia 62:5: **"ac â llawenydd priodfab am briodferch, y llawenycha dy Dduw o'th blegid di"**. Y darlun a geir gan Eseia, Jeremeia a Hosea yw fod Duw yn briod i Israel ond ei bod hithau wedi godinebu gyda duwiau eraill: **"oherwydd puteiniodd y wlad i gyd trwy gilio oddi wrth yr Arglwydd"**. (Hosea 1:2) Yn Effesiaid 5 mae Paul yn cymharu perthynas Crist â'i eglwys â pherthynas gŵr a gwraig priod. Yna yn Llyfr Datguddiad sonnir am Briodas yr Oen (Datguddiad 19:7) pan ddaw Crist a'i bobl at ei gilydd i'w huno'n llawn i dragwyddoldeb.

Yn fras, mae'r Salm yn ymrannu'n ddwy, sef adnodau 1-9, yn rhoi'r ffocws ar y Priodfab, a 10-17 yn rhoi sylw i'r briodferch.

CYHOEDDI'R PRIODFAB

Rhaid i ni gofio mai'r priodfab oedd canolbwynt y sylw mewn priodas Iddewig yn adeg y Beibl. Mae hyn yn cael ei gadarnhau gan ddameg y deg geneth. (Mathew 25:11-13) Wrth gyhoeddi'r Priodfab mae'r salmydd yn apelio at dri o'r synhwyrau:

1. Y golwg. Y peth trawiadol cyntaf am y Priodfab yw ei olwg teg: **"Yr wyt yn decach na phob dyn."** Ac mae hyn yn addas iawn wrth ddisgrifio Iesu Grist, yr Un sydd **"oll yn hawddgar"**.

Mae person Crist yn brydferth; ei lendid, ei uniondeb, a'i gariad anfeidrol, ei ffyddlondeb i Dduw ac i'w bobl. Mae ei eiriau yn brydferth, a'i waith yn hawddgar, yn ymdlodi i ddod atom i'n hachub; ei fywyd o wasanaeth i Dduw ac o weini ar ddynion, ei farwolaeth iawnol yn ein lle ar y groes, ei fuddugoliaeth fendigedig ar bechod a bedd, a'i fynediad i'r gogoniant fel eiriolwr.

'Gwyn a gwridog, hawddgar iawn,
Yw f'Anwylyd;
Doniau'r nef sydd ynddo'n llawn,
Peraidd, hyfryd.'

2. Y glust. Yn ail, mae'r salmydd yn tynnu sylw at y gras a dywalltwyd ar ei wefusau (ad. 2). Ac mae hynny'n arbennig o wir am *'hyfryd eiriau'r Iesu'*.

Geiriau pwysig: **"Edifarhewch, oherwydd y mae teyrnas Dduw wedi dod yn agos."** (Math 4:17)

Geiriau clir: **"Myfi yw'r ffordd a'r gwirionedd a'r bywyd. Nid yw neb yn dyfod at y Tad ond trwof fi."** (Ioan 14:6)

Geiriau cariad: **"Myfi yw'r bugail da. Y bugail da sydd yn rhoi ei einioes dros y defaid."** (Ioan 10:11)

Geiriau gras: **"Myfi a ddeuthum fel y caent fywyd, ac y caent ef yn helaethach."** (Ioan 10:10)

Geiriau gobaith: **"Heddiw byddi gyda mi ym Mharadwys."** (Luc 23:43)

Geiriau bywyd: **"Nid wyf finnau'n dy gondemnio chwaith; dos ac o hyn allan paid â phechu mwyach."** (Ioan 8:11)

3. Y gwynt (arogl). Mae adnod 8 yn dweud bod arogl myrr, aloes a chasia ar ei ddillad, nes ei fod yn persawri'r lle i gyd. Ac mae dillad swyddi Crist yn perarogli yn ffroenau plant Duw.

Ei glogyn brenhinol. Mae meddwl am fuddugoliaeth ein brenin Iesu sydd wedi concro pechod, Diafol a bedd yn arogl cryf sydd yn clirio'r pen.

Llian gwyn yr Offeiriad. Mae Crist wedi offrymu ei hun dros ei bobl, wedi'i gyflwyno'i hun a'i waed i'r cysegr nefol, ac felly caiff pechadur ei wneud yn iawn â Duw. Mae hyn yn arogl ffres glân.

Mantell y Proffwyd. Daeth Crist fel gair Duw i ddweud wrthym beth sydd yng nghalon Duw. Mae'n dweud wrthym hefyd beth mae Duw yn ei ddisgwyl gennym er mwyn i ni ddod i'w adnabod a chael y bywyd tragwyddol. Mae hyn fel arogl bwyd i enaid lluddedig a newynnog.

ANNERCH Y BRIODFERCH

Wrth i'r briodferch gael ei hannerch caiff neges driphlyg, sydd yn ddisgrifiad o alwad Duw i'w bobl:

1. Ymadael. Y neges gyntaf a gafodd y briodferch oedd neges i adael tŷ ei thad a glynu wrth ei gŵr, y brenin (ad. 10). Cawn ddarlun o weision y brenin yn mynd i chwilio am wraig ac yna yn ei galw i adael ei chartref er mwyn dod i'r palas i briodi'r brenin ac i fyw yno.

Dyma alwad Crist i'r pechadur i edifarhau, i droi oddi wrth fywyd o dan lywodraeth y Diafol ac i ddod o dan faner Crist. Pa mor gyfoethog bynnag oedd y ferch, dim ond gwella allai ei sefyllfa wrth ymateb i'r gwahoddiad yma.

'Colled ennill popeth arall,
Oni enillir di dy hun.'

Dywedodd Iesu wrth ei ddisgyblion nad oedd neb a adawodd deulu neu dir er ei fwyn ef a'r Efengyl, nad oedd yn cael cymaint can gwaith yn fwy yn awr heb sôn am y wobr o fywyd tragwyddol.

2. Ymdrwsio. Y gamp nesaf fyddai cael merch gyffredin i fod yn addas i fod yn wraig frenhinol. Y neges yw iddi ymostwng i'w gŵr am ei fod yn chwennych ei thegwch. Mae hyn yn adleisio galwad Duw i'w bobl *i fod yn sanctaidd fel y mae Ef yn sanctaidd.* (1 Pedr 1:16) Mae hyn yn alwad i bechu llai; i garu gorchmynion yr Arglwydd fel arwydd o gariad tuag ato; i gael ein llanw â chariad Crist; i fod yn dystion grymus i Grist; i ddod yn debycach i Iesu Grist.

3. Ymgyfarfod. Yna cawn gipolwg ar y gwaith gorffenedig a chyflwr y briodferch pan mae'n cyrraedd y brenin i gael ei phriodi iddo. Dywedir amdani ei bod yn gwbl ogoneddus (adnod 13). Rhyw ddydd bydd y Cristion yn gwbl rydd o bechod ac yn gwbl ogoneddus. Bydd yr hen natur lygredig wedi ei disodli gan y newydd. Bydd yn llawn cariad perffaith, yn gyfiawn ac yn sanctaidd oddi mewn. Bydd yr hen gorff llygredig wedi ei ddiosg er mwyn gwisgo'r corff newydd. Bydd y corff nefol yn gryf i fod ym mhresenoldeb Duw. Ni fydd poen na gwendid ac ni fydd yn strancio yn erbyn yr ysbryd.

'Bendigedig fyddo'r Iesu!
Fe welir ei ddyweddi
Heb un brycheuyn arni
Yn lân fel y goleuni,
Ar ddelw Mab y Dyn.'

Diolch am ddelweddau prydferth y Salm i ddisgrifio gwirioneddau gogoneddus ynglŷn â'n Priod hawddgar a'i bobl wynfydedig.

Trafodwch

1. "Cariad yw'r cymhelliad cryfaf i ufudd-dod a gwasanaeth Cristnogol."

2. Ydyn ni'n esgeuluso sôn am y gogoniant sydd i ddod i ni fel Cristnogion?

3. Ydyn ni'n gwneud digon o ddefnydd o eglurebau'r Ysgrythur?

Gwers 15 DYFODIAD CRIST Y BRENIN (Salm 72)

Salm wedi ei chyfansoddi gan Dafydd i Solomon ydy hon fel mae'r teitl yn awgrymu. Ond mae llawer o'r pethau mawr sy'n cael eu dweud am y brenin yn rhy ddyrchafedig i gyfeirio at unrhyw frenin daearol. Ond yn wahanol i'r salmau Meseianaidd eraill, nid yw hon yn cael ei dyfynnu yn y Testament Newydd er mwyn ei chymhwyso at Grist. Mae'n debyg felly y dylem ddarllen hon fel Salm i Solomon, ond sydd â'i hystyr fwyaf cyflawn fel proffwydoliaeth ynglŷn â Mab Dafydd, sef y Meseia.

Mae'r B.C.N. yn dilyn rhai cyfieithiadau modern sydd yn cyfieithu mwyafrif y berfau ar ffurf dymuniad ar gyfer y dyfodol (ar wahân i adnodau 12-14) a chymryd y Salm fel gweddi ar gyfer y brenin. Mae Beibl William Morgan yn cyfieithu'r berfau yn y dyfodol pendant sydd yn rhoi ystyr broffwydoliaethol iddi. Mi fyddwn i'n tueddu i ddehongli'r Salm yn fwy Meseianaidd fy hunan, ac felly byddaf yn dilyn fersiwn William Morgan y tro hwn.

Dywedodd rhywun am y Salm hon ei bod wedi'i chyfansoddi gan frenin i frenin a'i bod yn cyfeirio at Frenin brenhinoedd. Mae i'r Salm ddwy agwedd: sef yr hyn a wna'r Brenin a'r hyn a wna'r bobl. Yr wyf am ganolbwyntio'n arbennig ar y Brenin.

Y BRENIN

Does dim amheuaeth, o edrych ar eiriau'r Salm, y byddai'n fendith fawr i fod yn un o ddeiliaid y brenin yma. Yr oedd cyfnod brenhiniaeth Solomon yn heddychlon a ffyniannus, ond daeth drwg mawr i'r wlad oherwydd yr eilunod a ddaeth i mewn trwy ddylanwad rhai o'i wragedd.

Ond yn arbennig wrth feddwl am Grist, cawn weld y manteision enfawr sydd i ni o berthyn i'w deyrnas Ef.

a. **Barn gyfiawn** (ad.2,4). Nid condemnio yw ystyr y barnu yma, ond amddiffyn neu ddadlau achos, gweithredu'n deg ar ran pobl. Ceir yr un darlun yn Luc 18 yn nameg y weddw a'r barnwr anghyfiawn. Roedd y weddw'n chwilio am farnwr i'w hamddiffyn yn erbyn ei gwrthwynebwr. Dywed yr Arglwydd Iesu fod hyn yn ddarlun o'r Cristion a'i Arglwydd. (ad.7-8)

Mae'r farn hon yn berthnasol i rai sydd yn anghenus ac yn anabl i'w hamddiffyn eu hunain. Nid i'r rhai sydd yn ddigon cyfoethog neu'n ddigon dylanwadol mae'r amddiffyn yma, ond i'r rhai sydd heb fodd i fynd ymlaen â'u hachos eu hunain.

Mae hwn yn ddarlun da o amddiffyn Crist dros ei bobl yn wyneb ymosodiadau'r Diafol. Gall hyn ddod trwy demtasiynau, gelyniaeth anghredinwyr, erledigaeth, stormydd a threialon bywyd.

Gwelwn yr amddiffyn yma yn achos Pedr pan oedd ar fin gwadu Crist. Mae'r Arglwydd yn dweud wrtho fod Satan wedi ceisio hawlio'r disgyblion i'w gogrwn fel ŷd, a'u chwalu'n llwyr, ond ei fod Ef **"wedi deisyf drosot ti na fydd dy ffydd yn pallu"**. (Luc 22:31)

b. **Achubiaeth drugarog** (ad.12-14). Mae'r anghenus yn gallu troi at hwn am achubiaeth hefyd o'u cyfyngderau. Ac mae'r geiriau hyn yn cyfleu yr Efengyl Gristnogol i ni. Mae newyddion da i bechaduriaid anghenus, truenus, tlawd. Er na allant waredu eu hunain, mae Gwaredwr iddynt yn Iesu Grist. Dyma welwn trwy gydol gweinidogaeth Iesu Grist yn ei ffordd o drin yr unigolion a ddaeth ato. Cafodd gleifion waredigaeth, fel y rhai oedd wedi eu meddiannu gan ysbrydion drwg, ac yr oedd pob un a ddeuai ato mewn ffydd yn cael rhyddhad o bechod trwy faddeuant hefyd. Yr oedd tosturi i bob math o anghenion a phob math o bobl yng Nghrist. Dyma'r neges a anfonwyd at Ioan Fedyddiwr ynglŷn â Iesu: **"Y mae'r deillion yn cael eu golwg yn ôl, y cloffion yn cerdded, y gwahangleifion yn cael eu glanhau a'r byddariaid yn clywed, y meirw yn codi, y tlodion yn cael clywed y newyddion da."** (Mathew 11:5)

c. **Heddwch a buddugoliaeth** (ad.3,7-11). Daeth mesur helaeth o heddwch dan frenhiniaeth Solomon, a daw gwir heddwch yn sgil brenhiniaeth Crist. Darllenais yn ddiweddar hanes cenhadon yn Cambodia yn y saithdegau. Yr oedd y Comiwnyddion (y 'Khmer Rouge') yn addo heddwch ac yr oedd rhai'n credu y deuai heddwch gyda nhw. Ychydig oedd wedi dychmygu'r fath erchylltra oedd i ddod o dan eu gormes gwaedlyd a chreulon. Daw Crist â gwir heddwch i ni trwy ein cymodi â Duw a'n clymu iddo mewn perthynas o gariad na ellir ei thorri.

"Am hynny, oherwydd ein bod wedi ein cyfiawnhau trwy ffydd, y mae gennym feddiant ar heddwch â Duw trwy ein Harglwdd Iesu Grist." (Rhuf.5:1) Sail heddwch y Cristion yw fod Duw o'i blaid, ac yn ei ddal yn sicr yn ei law. Ni all dim lacio gafael yr Arglwydd arno na'i wahanu oddi wrth ei gariad **"yng Nghrist Iesu ein Harglwydd"**. (Rhuf 8:39)

Mae'r heddwch yn deillio o fuddugoliaeth y brenin dros ei elynion a brenhinoedd eraill. Darlunir hwy yn plygu iddo, yn talu gwrogaeth iddo ac yn rhoi anrhegion iddo. Digwyddodd hyn i Solomon, er nad oedd ei lywodraeth yn ymestyn o fôr i fôr. Ond mae hyn yn gwbl wir am deyrnas Crist. Os nad oes un gelyn heb ei goncro, gallwn fwynhau heddwch ynddo.

'Wel, f'enaid weithian cod dy ben,
Mae'r ffordd yn rhydd i'r nefoedd wen;
Mae'n holl elynion ni yn awr
Mewn cadwyn gan y Brenin mawr.'

ch. **Glaw**. Ceir darlun hyfryd o'r brenin fel glaw yn adnod 6. Roedd ffrind i mi oedd yn arddwr penigamp yn rhoi pwys mawr ar law ysgafn y Gwanwyn. Ei disgrifiad hi ohono oedd *'glaw tyfu'* am ei fod yn helpu tyfiant ffres y tymor newydd. Dyma sydd yn dod i'm meddwl wrth ddarllen am yr Arglwydd Iesu yn disgyn fel glaw ar ei bobl. Y canlyniad yw bod y cyfiawn yn blodeuo. Mae'r darlun o gawodydd bendith hefyd yn gyfarwydd i ni mewn emynau ac yn yr Ysgrythur.

"Anfonaf i lawr y cawodydd yn eu pryd, a byddant yn gawodydd bendith." (Eseciel 34:26)

'O! tyred, Arglwydd mawr,
Dihidla o'r nef i lawr
Gawodydd pur;
Fel byddo'r egin grawn,
Foreddydd a phrynhawn,
Yn tarddu'n beraidd iawn
O'r anial dir.'

O am i ni brofi'r Brenin Mawr yn gawodydd o fendith ar ein heneidiau, er mwyn i ni flodeuo a dwyn ffrwyth er gogoniant i'w enw yn y dyddiau sych a chaled hyn.

Trafodwch

1. "Yr ydym yn llawer rhy swil o Grist ein Brenin."

2. "Rwy'n credu y dylai pobl Dduw fod yn mwynhau llawer mwy o gyfoeth Arglwyddiaeth Iesu."

3. Ydyn ni'n pwysleisio Achubiaeth Crist yn fwy na'i Arglwyddiaeth?

Gwers 16 DYFODIAD CRIST YR OFFEIRIAD (Salm 110)

Efallai mai'r Salm hon yw'r fwyaf enwog o'r Salmau sydd yn cyfeirio at y Meseia. Dyma'r salm sydd yn cael ei dyfynnu fwyaf yn y Testament Newydd. Mae'r dyfyniadau i gyd yn cyfeirio at Grist. Mae Iesu Grist ei hun yn dyfynnu'r Salm hon ac yn dweud rhywbeth pwysig amdani sydd yn help i ni ddeall y salmau. Mae'n siarad gyda'r Phariseaid ac yn dangos iddynt ei fod yn Fab Duw. Mae'n gofyn y cwestiwn yma iddynt ynglŷn â'r teitl Mab Dafydd: **"Sut felly y mae Dafydd trwy'r Ysbryd yn ei alw'n Arglwydd, pan ddywed..."** ac yna mae'n dyfynnu'r adnod gyntaf. Mae Iesu Grist yn dweud mai Dafydd a gyfansoddodd y salm, ond yn yr Ysbryd, sef gyda chymorth, neu o dan arweiniad yr Ysbryd Glân. Dyna pam y mae'n iawn deall darnau o'r Hen Destament fel geiriau sydd yn rhag-ddweud am y dyfodol, am fod yr ysgrifenwyr wedi eu dylanwadu gan yr Ysbryd Glân sydd yn Dduw, ac yn gwybod pob peth.

Mae'r Salm yn cyfeirio at yr Arglwydd, sef y Crist fel brenin ac offeiriad. Yr ydym wedi edrych ar Iesu Grist fel brenin eisoes ond mae'n codi eto yn y salm hon, gyda'r disgrifiad ohono fel offeiriad hefyd.

Cawn olwg o'r Arglwydd Iesu fel Brenin yn disgwyl am y dydd y bydd yn sefydlu ei deyrnas gyda nerth, ac fel offeiriad sydd yn mynd i weithredu am byth.

DARPAR FRENIN

Mae llawer o drafod ynglŷn â'r teulu brenhinol yn ein dyddiau ni. Ydy'r Frenhines yn mynd i symud i'r naill ochr er mwyn i Charles ddod i'w lle? Sut frenin fydd Charles pan ddaw ar yr orsedd?

Yn yr adnod gyntaf o'r Salm yr ydym yn clywed y Tad yn dweud wrth y Mab am eistedd ar ei law dde nes iddo gael teyrnasu'n llwyr ar ei elynion. Cyfeirio mae hyn at ein cyfnod ni, sef y cyfnod rhwng atgyfodiad Iesu a'i ailddyfodiad. Mae llawer o bobl yn methu â deall y cyfeiriadau at y Meseia yn dryllio gelynion ac yn eu sathru dan draed, am ei fod mor wahanol i ddull Iesu. Ond rhaid i ni gofio fod y proffwydoliaethau hyn yn cyfeirio at yr ailddyfodiad pan ddaw Iesu Grist i farnu ac nid i achub. Bydd yn dod i gasglu ei bobl ac i farnu'r byw a'r meirw mewn cyfiawnder. (Mathew 25:31-32) Bydd yn darostwng pob peth o dan ei draed. (1 Corinthiaid 15:25-27)

LLYWODRAETH SEION

Mae'r ail adnod yn sôn am awdurdod i lywodraethu allan o Seion, hynny yw, Jerwsalem. Canolfan llywodraeth Crist fydd Seion, felly. Mae dwy ffordd o esbonio hyn:

a. **Esboniad llythrennol**. Y bydd Iesu Grist yn llywodraethu am fil o flynyddoedd ar y ddaear ar ôl ei ailddyfodiad, a chanolfan ddaearyddol ei rym fydd Jerwsalem. Mae'r esboniad hwn yn seiliedig ar Ddatguddiad 20:1-6. Mae adnod 4 o'r darn hwnnw'n sôn am Grist yn teyrnasu gyda'r merthyron am fil o flynyddoedd tra bod Satan wedi ei rwymo yn y pydew di-waelod.

b. **Esboniad ysbrydol**. Bod Iesu Grist yn teyrnasu ar y ddaear ymhlith ei elynion trwy ei eglwys, a bod hynny wedi dechrau yn Jerwsalem ar ddydd y Pentecost, **"a bod edifeirwch, yn foddion maddeuant pechodau, i'w gyhoeddi yn ei enw ef i'r holl genhedloedd, gan ddechrau yn Jerwsalem."** (Luc 24:47) A chafodd y disgyblion eu gorchymyn i aros **"yn y ddinas"** nes i'r Ysbryd ddod arnynt.

Yr efengyl, felly, yw teyrnwialen awdurdod Crist. Y deyrnwialen sydd yn estyn ffafr i'r sawl sydd yn ymddiried yng Nghrist, ond yn estyn barn i'r sawl sydd yn ei wrthod. Mae geiriau Paul yn adleisio hyn wrth iddo ei ddisgrifio'i hun a'r apostolion eraill fel rhai yn gwasgaru persawr Crist. **"Canys perarogl Crist ydym ni i Dduw, i'r rhai sydd ar lwybr iachawdwriaeth ac i'r rhai sydd ar lwybr colledigaeth; i'r naill arogl marwol yn arwain i farwolaeth, i'r lleill persawr bywiol yn arwain i fywyd."** (2 Co. 2:15-16) Awdurdod neu nerth yr efengyl yw yr Ysbryd Glân, **"oherwydd nid ar air yn unig y daeth yr efengyl yr ydym ni yn ei phregethu atoch, ond mewn nerth hefyd, ac yn yr Ysbryd Glân"**. (1 Thes.1:5) Mae'n drist meddwl mai ni sydd i fod i weithredu awdurdod nerthol Crist ymhlith ei elynion yng Nghymru.

Mor aml mae ein tystiolaeth mor llipa, ac os ydym yn dal at wirioneddau sylfaenol yr efengyl, mae'r gair yn aml heb y nerth a heb yr Ysbryd nerthol.

DEILIAID DEDWYDD

Mae'r drydedd adnod yn dweud y caiff y brenin ddeiliaid ewyllysgar a fydd yn fodlon gwasanaethu. Disgrifiad ydy hwn o bobl yr Arglwydd Iesu. Pan gaiff dyn ei aileni daw i'w galon ddymuniad ac ewyllys i ufuddhau i Grist. Does dim angen pwysau parhaus o'r tu allan i'w orfodi i wasanaethu ei Arglwydd, oherwydd bod yr Ysbryd yn gweithio oddi mewn hefyd. Dyma mae Dafydd ei hun yn tystio iddo mewn salm arall: **"y mae wedi ei ysgrifennu mewn rhol llyfr amdanaf fy mod yn hoffi gwneud ewyllys fy Nuw."** (Salm 40:7) Os nad oes i ni bleser mewn ufuddhau i Grist mae lle i amau ein perthynas ag Ef. Yn ail ran yr adnod ceir darlun hyfryd o'r brenin yn cael ei eni i rym mewn gogoniant a ffresni gwlith y bore cyntaf.

OFFEIRIAD AM BYTH

Yn yr adnod gyntaf clywsom am oracl, datganiad mawr pwysig. Ac unwaith eto fe glywn am lw gan Dduw y Tad ynglŷn â'r Mab yn y bedwaredd adnod. Ac mae'r syniad o offeiriad nefol sydd o'n plaid am byth yn gysurlon iawn i bawb sydd yn ymddiried yn Iesu Grist. Gwaith yr offeiriad oedd pontio rhwng dyn a Duw trwy gynrychioli dynion ger ei fron. Yr oedd yr offeiriaid o lwyth Lefi yn cael eu neilltuo i'r gwaith pwysig yma yn yr Hen Destament.

Yr oedd yr offeiriad yn offrymu aberth dros bechod ac yn mynd i'r cysegr sancteiddiolaf unwaith y flwyddyn ar Ddydd y Cymod. Roedd rhaid gwneud hyn bob blwyddyn ar ben yr aberthau amlach er glanhad gerbron Duw.

Ond mae Iesu Grist yn offeiriad rhagorach. Y mae wedi'i aberthu ei hun dros bechod yr holl fyd *un waith ac am byth.* Mewn gwirionedd yr oedd offeiriaid yr Hen Destament yn actio yr hyn a wnaeth Iesu Grist go iawn. Gall actor actio gannoedd o weithiau ei fod yn marw ar y llwyfan, ond dim ond un waith y gall farw go iawn. Roedd aberth Crist yn aberth go iawn dros bechod. Nid i gysegr yn y deml yr aeth Crist ond i'r nef i ymddangos gerbron Duw. Ac mae'n dal i fod gyda Duw yn cynrychioli ei bobl ac yn eiriol drostynt.

Urdd Mechisedec. Nid perthyn i Urdd y Lefiaid mae offeiriadaeth Crist, ond Urdd y brenin y rhoddodd Abraham ddegwm o'r ysbail iddo ar ôl concro'r grŵp o frenhinoedd oedd wedi ymosod ar Sodom, lle'r oedd Lot. Bendithiwyd Abraham gan Melchisedec (mae'r enw'n golygu brenin heddwch) a oedd heb hanes am enedigaeth na marwolaeth, sydd yn awgrymu ei fod wedi dod o'r nef ac yn dangos fod offeiriadaeth Crist yn un nefol hefyd.

Diolch fod Duw wedi trefnu Un i'n cynrychioli ger ei fron, a diolch am un a fu'n fodlon ei aberthu ei hunan dros ein pechodau ni.

'Tywysog brenhinoedd y ddaear.' Y disgrifiad olaf o Grist yn y Salm yw o dywysog yn disgwyl y dydd y bydd yn dinistrio'n llwyr frenhinoedd y ddaear ac yn etifeddu llywodraeth yr holl fyd.

Mae llawer o frenhinoedd ac arweinwyr gwledydd yn edrych dros eu hysgwydd oherwydd fod digon o bobl yn barod i ddod i'w lle. Dywedir fod Sadam Hussain wedi trefnu llofruddiaeth dau fab-yng-nghyfraith iddo am ei fod yn ofni bod ganddynt gynllwyn yn ei erbyn.

Neges y darn olaf hwn yw fod pob pennaeth bydol yn mynd i orfod symud draw yn y diwedd i wneud lle i'r brenin Iesu. Ef yw'r tywysog sydd yn mynd i eistedd ar bob gorsedd. Ein gwaith ni, felly, yw plygu iddo nawr, a'i wasanaethu'n ewyllysgar.

Trafodwch

1. Ydy'ch darlun o safle presennol Crist yn gyson â'r Salm?

2. Ydych chi'n edrych ymlaen at ail-ddyfodiad Crist?

3. At beth yr ydych yn edrych ymlaen fwyaf yn y nefoedd?

IONAWR
Gwers 17

WYNEBU HER
HER Y CRIST BYW
(Actau 9:1-19)

Yr ydym yn troi nawr at lyfr yr Actau a hanes dechreuadau eglwys Iesu Grist, pan welwyd gweinidogaeth Crist yn lledu trwy'r byd trwy ddynion meidrol oedd wedi eu llenwi a'u heneinio â'r Ysbryd Glân. Un o'r apostolion mwyaf dylanwadol oedd Paul er mai ef oedd yr olaf i ddod yn apostol ar ôl bod yn ddraenen yn ystlys yr eglwys am beth amser. Yn yr adran hon cawn hanes tröedigaeth Saul, ac mae'r hanes yn dangos tipyn o gefndir Paul, ei gyfarfyddiad â Christ a'i gonspripsiwn i waith Crist.

CEFNDIR PAUL

Yr oedd cefndir Paul yn un crefyddol iawn. Yr oedd **" o lwyth Benjamin, yn Hebrewr o dras Hebrewyr...yn Pharisead."** (Phil.3:5) Yr oedd yn un o'r crefyddwyr Iddewig oedd yn credu fod Iesu o Nasareth wedi marw, a bod nerth ei ddilynwyr yn deillio o'r Diafol, a bod sect Crist yn tanseilio'r ffydd Iddewig draddodiadol. Fel llawer o'i gyd-genedl roedd Saul yn ysbrydol ddall. Doedd e ddim wedi deall yr hyn roedd yr Hen Destament wedi'i ddweud am y Meseia. Roedd y groes yn dramgwydd ac yn broblem fawr iddo. Sut allai Gwaredwr Israel farw ar bren o dan felltith?

Mae'r adnod gyntaf yn dweud wrthym beth oedd agwedd Saul. Yr oedd fel anghenfil blin, fel draig yn chwythu tân ar ddisgyblion Crist. (Actau 8:3 hefyd)

Yr oedd wedi gwneud difrod sylweddol yn Jerwsalem, ac felly penderfynodd ledu ei grwsâd i Ddamascus. Llwyddodd i gael awdurdod y cyngor Iddewig uchaf i'w ymgyrch i lanhau'r synagogau. (Actau 22:5) Yr oedd yn benderfynol o gael gwared ar yr *'hereticiaid'* oedd yn pregethu yn erbyn y Gyfraith, y deml a thraddodiad y tadau. (Actau 6:11-13)

Felly yr oedd Paul yn ymosodol yn erbyn y Cristnogion, yn erbyn y rhai oedd yn bygwth ei draddodiad crefyddol ef, neu ei ddealltwriaeth ef ohono. Gall hyn ddigwydd heddiw. Clywn bobl weithiau'n wrthwynebus i ddysgeidiaeth Crist er eu bod yn gapelwyr selog. Dydy rhai ddim yn credu eu bod yn bechaduriaid sydd yn haeddu barn Duw a chosb uffern. Dydy eraill ddim yn hoffi clywed bod angen eu haileni er mwyn gweld teyrnas Dduw. Dydy rhai ddim yn credu bod angen eu hachub o'u pechodau. Er fod ganddynt eiriau Crist sydd yn pwysleisio'r gwirioneddau hyn, maent yn ddall iddynt: **"Ond pylwyd eu meddyliau. Hyd y dydd hwn, pan ddarllenant yr hen gyfamod, y mae'r un gorchudd yn aros heb ei godi, gan mai yng Nghrist yn unig y symudir ef.** Yng ngeiriau'r Ysgrythur: **"Pryd bynnag y mae dyn yn troi at yr Arglwydd, fe dynnir ymaith y gorchudd."** (2 Cor.3:14 & 16)

Y mae sawl Cristion amlwg wedi gorfod cydnabod ei ddallineb cyn i'r Arglwydd agor ei lygaid i weld Crist fel Gwaredwr ac Arglwydd. Dyma brofiad John Wesley wrth iddo fynd i Georgia i geisio dysgu natur Cristnogaeth i'r Indiaid yno: *"Ond beth ydw i fy hun wedi ei ddysgu yn y cyfamser? Wel, yr hyn yr oeddwn yn ei amau leiaf, fy mod i, a euthum i America i droi eraill, heb gael fy nhroi fy hunan eto at Dduw."*

CYFARFYDDIAD SAUL Â CHRIST

Beth oedd yn nodweddi cyfarfyddiad Saul â Christ? Goleuni a llais.

Goleuni. Y peth cyntaf a welodd Saul oedd y goleuni llachar oedd yn ei ddallu ac yn ei fwrw i'r llawr. Wrth weld goleuni oedd mor gryf, yr oedd Saul yn dod wyneb yn wyneb â gogoniant Crist. Nid dyn drwg oedd Iesu o Nasareth, nid dyn marw oedd Iesu ychwaith; yn wir, nid dim ond dyn oedd Iesu, yr oedd yn ddyn oedd wedi gorchfygu'r bedd ac felly'n cael ei ddangos hefyd yn Fab Duw.

Nid Un i chwarae o gwmpas gydag ef oedd Iesu; yn wir, yr oedd Saul wedi cael ei orfodi i weld ei fychander ger ei fron wrth iddo gael ei fwrw i'r llawr fel hyn.

Allem ni ddim dychmygu mwy o newid yn dod i ran person. Yr oedd yr anghenfil gwyllt wedi cael ei syfrdanu a'i ddofi. Mae'r digwyddiad hwn yn ein hatgoffa o'r hyn a ddigwyddodd i'r milwyr yng Ngardd Gethsemane ar noson y swper olaf. Mae Iesu'n dangos mai ef oedd yr un yr oeddent yn ei geisio trwy ddweud **"Myfi yw"** ac yna mae Ioan yn dweud wrthym : **"ciliasant yn ôl a syrthio i'r llawr"**. (Ioan 18:6) Ac mae unrhyw bechadur sydd wedi cael gwir gyfarfyddiad â Christ wedi cael ei dorri a'i ddarostwng ger ei fron. Ac ni welwn Paul yn anghofio nac yn ymffrostio byth am ei bechod ar ôl hyn, er ei fod yn mwynhau maddeuant a rhyddid llwyr oddi wrtho.

Mae'n bosib iawn fod y dallineb llythrennol a brofodd Saul dros dro, yn arwydd iddo o'i ddallineb ysbrydol.

Llais. Yna clywodd Saul neges bersonol yn ei gyhuddo o erlid Iesu. Mae hefyd yn dweud wrtho ei bod yn galed i wingo yn erbyn y symbylau. (Actau 26:14) Prennau miniog oedd yn sbarduno'r ychain ymlaen oedd y symbylau. Y neges i Saul oedd ei fod yn tynnu'n groes i Dduw yn ei erledigaeth o'r Cristnogion, yn hytrach nag ufuddhau iddo a dilyn y cwysi cywir.

Ac mae pob Cristion wedi cael ei synnu o glywed gair Duw yn dod ato'n bersonol wrth iddo gael ei ddeffro i Dduw ac wrth iddo gael ei argyhoeddi o'i bechod. Mae sawl un wedi synnu bod pregethwr yn disgrifio'i gyflwr mor fanwl nes iddo amau ei fod yn ei adnabod. Ac er bod dynion eraill o'i gwmpas, ac er iddynt weld golau a chlywed sŵn llais, ni chafodd hynny'r un argraff arnynt. Ac mae hynny'n digwydd mewn oedfa hefyd. Bydd rhai yn cael eu hargyhoeddi ond eraill heb eu cyffwrdd er iddynt glywed yr un neges yn union. Mae'n bwysig ein bod yn gwrando ar yr hyn sydd gan Dduw i'w ddweud wrthym trwy ei air.

CONSCRIPSIWN I WAITH CRIST

Yr hyn sydd yn hyfryd am y ffordd mae Crist yn delio â Saul yw ei fod, ar ôl iddo'i glwyfo a'i ddarostwng, yn ei godi ac yn ei recriwtio i wasanaeth bendigedig ei deyrnas ogoneddus. Pan aeth Saul i Ddamascus yr oedd disgybl o'r enw Ananïas yn cael ei baratoi gan yr Arglwydd i'w arwain ymhellach. Roedd Ananïas, fel y gweddill, yn ofni Saul ac yn methu â chredu bod yr Arglwydd yn sôn am yr un person pan glywodd ei fod yn gweddïo.

Ond mae Crist yn dweud yn glir wrtho: **"Dos di; llestr dewis i mi yw hwn, i ddwyn fy enw gerbron Cenhedloedd a'u**

brenhinoedd, a cherbron meibion Israel."

Aethai Saul i Ddamascus i restio Cristnogion, ond roedd ef nawr wedi cael ei restio gan Grist. Yn Philipiaid 3:12 fe ddywed iddo gael ei **'feddiannu'** gan Grist.

Ac mae neges werthfawr i ni yma. Mae llawer ohonom yn gallu meddwl am gymeriadau caled yn ein cymuned. Rhai efallai sydd yn elynion i'r Efengyl. Efallai fod rhai hyd yn oed yn grefyddol, yn perthyn i ryw sect efallai. O bosib fod arnom eu hofn, efallai fod temtasiwn i ni feddwl eu bod yn rhy galed i gael eu hachub a'u newid a'u dwyn i mewn i waith y deyrnas. Fe ddylai hanes Paul ein hannog i weddïo drostynt a bod yn agored i'r posibilrwydd fod gan Grist syniadau eraill ar eu cyfer.

Trafodwch

1. Oes rhai sydd y tu hwnt i achubiaeth?

2. Sut gwnaethoch glywed llais Duw am y tro cyntaf?

3. A allwn dderbyn cyn-elyn i'r Ffydd fel brawd yng Nghrist?

Gwers 18 — HER Y BYD PAGANAIDD (Actau 14:8-18)

Wrth ddarllen llyfr yr Actau down wyneb yn wyneb â'r arwyddion a'r rhyfeddodau oedd yn cyd-fynd â'r efengyl. Fel yn hanes iacháu'r dyn cloff wrth borth y deml mae'r wyrth yma hefyd yn agor drws i gyflwyno efengyl ogoneddus Duw i ddynion anghenus. Y gwirionedd sylfaenol ydy, fod y Duw tragwyddol wedi dod atom yn Iesu Grist, ac yn yr Ysbryd Glân ers y Pentecost, er mwyn ein hachub o'n hoferedd a'n cyflawni trwy roi i ni eto berthynas bersonol ag ef. Yn y berthynas yma cawn fuddugoliaeth ar bechod a'r pethau drwg sydd wedi dod i'n bywydau yn sgil pechod.

Yr oedd arwyddion a rhyfeddodau Crist yn pwyntio tuag at y gwirionedd hwn fel yr oedd arwyddion a rhyfeddodau'r apostolion a Christnogion ers hynny, ac arwyddion rhai o'r proffwydi cyn hynny. Mae nifer o arwyddion i wirionedd yr Efengyl, megis iachâd, bwrw allan cythreuliaid, codi'r meirw a hefyd, yn fwyaf aml, newid bywydau pobl o fod yn gaeth i bechod a'i ganlyniadau, i fod yn rhydd ac yn fuddugoliaethus, hyd yn oed pan na chaiff person iachâd corfforol.

Wrth i ni edrych ar yr hanes yma fe welwn Paul yn defnyddio'r pethau rhyfedd sy'n digwydd i gyflwyno'r gwir a bywiol Dduw i bobl Lystra.

Y GŴR CLOFF

Mae Paul yn pregethu wrth y bobl yn Lystra. Dydym ni ddim yn cael crynodeb o'i bregeth gan Luc y tro hwn. Gallwn fod yn weddol hyderus ei fod yn pregethu Crist, ac yn sôn am ei fywyd a'i weinidogaeth gyhoeddus, ac efallai am y rhyfeddodau a'r gwyrthiau a wnaethai. Gallwn fod yn siŵr ei fod wedi sôn am y groes a'r atgyfodiad a'r sicrwydd o berthynas â'r Duw byw ac o brofi ei nerth yn ein bywydau trwy'r Ysbryd Glân.

Mae'n amlwg fod y dyn cloff yn gwneud cysylltiad rhwng y bregeth a'i amgylchiadau ef ar y pryd, ac yn credu y gallai Duw ei amlygu ei hun iddo yntau a'i nerthu i orchfygu ei anawsterau corfforol.

Onid yw'n drasiedi mawr pan fydd pobl yn darllen ac yn clywed am **"fawrion weithredoedd Duw"** ac yn peidio â gwneud cysylltiad rhwng hynny a'u hamgylchiadau ar y pryd? Er bod sŵn nerth Duw yn dod i'w clustiau a'r geiriau yn dod i'w meddwl, nid ydynt yn profi o'r un nerthoedd yn eu bywydau heddiw. Ac mae Paul yn gweld ac yn dirnad ymateb y dyn cloff. Mae'n galw arno â llais uchel, efallai am ei fod yn bell oddi wrtho, neu er mwyn dangos awdurdod Duw yn glir i bawb. Mae'r dyn yn codi ac yn neidio ac yn cerdded o gwmpas.

ADDOLI DYNION

Mae'n amlwg bod y wyrth yn cael argraff fawr ar y bobl oedd yn bresennol, ac maen nhw'n dechrau addoli Paul a Barnabas. Maen nhw'n cysylltu'r ddau â'u duwiau nhw, sef Seus a Hermes. Roedden nhw'n galw Barnabas yn Seus, efallai oherwydd ei fod yn hŷn ac yn fwy golygus na Phaul, ac yn galw Paul yn Hermes, sef negesydd y duwiau, am mai ef oedd y prif siaradwr. Roedd hyn yn dod yn naturiol i'w meddwl am fod teml i Seus y tu allan i ddinas Lystra. Roedd y ddau dduw yn cael eu cysylltu â'i gilydd fel crwydraid ar y ddaear yn chwedl *'Philemon a Baucis'* gan Ovid. Llwyddodd Philemon a Baucis i ennill ffafr y ddau dduw oherwydd mai hwy oedd yr unig rai i roi lletygarwch iddynt. Efallai mai dyma pam roedd y Lystraid mor daer i anrhydeddu Paul a Barnabas.

Yr arfer wrth aberthu i'r duwiau hyn oedd rhoi torchau am gyrn y teirw, er mwyn eu *'coroni'*, ac yna eu lladd a'u gwaedu. Dyma linell o waith Octavius yn disgrifio hyn:

> *'Pesgir mulod a fo i gael eu haberthu,*
> *I'w coroni yn gyntaf, yna gwaedu.'*

Mae Paul a Barnabas yn rhuthro i rwystro'r fath eilun-addoliaeth. Dydyn nhw ddim yn cael eu temtio i adael i'r bobl i fod er mwyn cael llonydd ganddynt. Yn wir maent yn gwneud llawer mwy o brotest wrth i'r bobl eu mawrhau yn ormodol, na phan oedd pobl yn eu hamharchu a'u herlid.

Maen nhw'n gwneud pob ymdrech i ddarbwyllo'r Lystraid

mai dynion meidrol o'r un natur ddynol a phechadurus oedden nhw hefyd.

Y DUW BYW

Yna mae Paul a Barnabas yn gwneud yn fawr o'r cyfle hwn i gyflwyno'r gwir Dduw i bobl Lystra. Maen nhw'n esbonio eu bod wedi dod atynt i roi terfyn ar yr arferion hyn. Er bod y Lystraid yn addoli Seus, roedd y cenhadon yn awyddus i gyflwyno Duw llawer mwy. Jehofa yw gwir Greawdwr y nef a'r ddaear a phopeth sydd ynddynt. Felly mae'r cenhadon yn ceisio perswadio pobl Lystra ynglŷn â'r gwirionedd yn gyntaf. Roedd y bobl wedi cael eu twyllo a'u camarwain.

Pa mor barod ydym ni i drafod gyda phobl sydd yn addoli gau dduwiau a'u cyflwyno i Jehofa, y Tad a'r Mab a'r Ysbryd **Glân? Mae tuedd gan lawer i ddweud y dylem adael i bobl sydd yn perthyn i sectau a chrefyddau eraill i fod, a pharchu eu crefydd. Dydy Paul a Barnabas ddim yn amharchu pobl Lystra nac yn eu gorfodi, ond yn ceisio eu darbwyllo a'u perswadio'n gynnes iawn. Dydy hyn ddim yn waith hawdd, ond rhaid i ni geisio tystio i bobl fel hyn gan weddïo y dônt i'r gwir oleuni sydd yn unig yn Iesu Grist.

Yna mae Paul a Barnabas yn cymell y Lystraid i blygu ac i addoli'r gwir Dduw. Er ei fod wedi caniatáu i'r cenhedloedd i rodio yn eu ffyrdd anghywir eu hunain, nid oedd Duw yn dweud bod eu ffyrdd yn iawn, ond roedd yn dangos ei amynedd rhyfeddol. Ond nawr, yr oedd neges Duw yn mynd allan i'r holl genhedloedd trwy'r apostolion, ac roedd Duw trwyddyn nhw'n galw ar bawb ym mhob man i droi ato.

Yn ogystal â dangos amynedd Duw, mae Paul yn eu cyfeirio at ddaioni Duw oedd i'w weld yn y gorffennol pe bai dynion yn effro i'w weld.

A chan eu bod nhw'n meddwl am Seus, ac yn gyfarwydd â'r darlun ohono fel duw yr awyr, yn ei arddangos ei hun trwy'r tywydd, mae Paul yn dweud bod y gwir Dduw wedi dangos ei ddaioni yn y glaw, y tymhorau a chynnyrch y ddaear.

Er gwaethaf tystiolaeth effeithiol Paul a Barnabas i'r Lystraid, dim ond llwyddo i'w rhwystro rhag eu hanrhydeddu a'u haddoli a wnaethant. Ond, serch hynny, mae'n amlwg o adnod 21-22 bod rhai o bobl Lystra wedi dod i gredu yn y gwir Dduw trwy Iesu Grist yn ystod eu hamser yno. Boed i'n tystiolaeth ni heddiw fod yr un mor nerthol ac effeithiol er gogoniant i'r gwir a bywiol Dduw.

Trafodwch

1. Ydy'r pregethau a glywch yn berthnasol i'ch bywyd beunyddiol?

2. Oes perygl i Gristnogion addoli dynion?

3. ** Trafodwch y cwestiwn hwn.

Gwers 19 — HER Y BYD CREFYDDOL (Actau 18:1-11)

Yn yr adran yma cawn hanes Paul yng Nghorinth, dinas anfoesol y gellir ei chymharu â'n gwlad ni heddiw. Dechreuodd weithio yn y synagog, y man crefyddol traddodiadol, ond cafodd wrthwynebiad ac anawsterau mawr. Bu'n rhaid iddo droi at y Cenhedloedd, ac yna gwelodd ffrwyth, ar ôl i'r Arglwydd ei gysuro y byddai'n gweld pobl yn credu, ac na fyddai'n dioddef niwed personol y tro hwn. Efallai bod neges i ni yng Nghymru heddiw o'r paragraffau hyn. Mae'n gwlad yn anfoesol a llygredig, does dim llewyrch yn y grefydd draddodiadol, ac efallai fod Duw yn dweud wrthym fod ganddo bobl, ond bod rhaid i ni fynd allan i chwilio amdanynt.

CORINTH A CHYMRU

'Os oedd Athen yn ganolfan o oleuni cymylog, yr oedd Corinth yn ganolfan bywyd llygredig.' Dyna sut mae un esboniwr yn disgrifio'r Corinth yr oedd Paul yn dod iddo wrth adael Athen. A daeth yr enw Corinthiad yn ddisgrifiad o berson ofer a llygredig. Am fod Paul ar ei ben ei hun, bu'n gweithio wrth ei grefft fel gwneuthurwr pebyll am gyfnod. Yn ôl ei arfer, dechreuodd gyflwyno Efengyl Crist yn y Synagog ymhlith yr Iddewon, ac yr oedd yn cydweithio â dau arall, sef Acwila a Priscila.

Ond mae'n ymddangos bod gwaith Paul yn y synagog yn ddiffrwyth. Hyd yn oed ar ôl iddo gael cefnogaeth Silas a Thimotheus o Facedonia a medru ymroi i'r gwaith yn llawn amser roedd yr Iddewon yn galed. Yn wir yr oeddent yn ei wrthwynebu ac yn ei ddifenwi. Ac wrth gwrs fe all hyn ddigwydd heddiw mewn capeli lle nad yw pobl yn hapus i dderbyn holl gyngor Duw sydd yn ymddangos yn ddieithr o'i gymharu â'r ddysgeidiaeth a gawsant ar hyd y blynyddoedd. Mae rhai yn cael anhawster mawr i gredu eu bod yn bechaduriaid sydd angen eu hachub. Caiff llawer anhawster i gredu yn y gwyrthiau, ac y mae lliaws yn gwrthod credu mewn uffern. Dydy llawer ddim yn deall ystyr y groes a'r Iawn na'r angen chwaith am ffydd bersonol ac ailenedigaeth.

Oherwydd hyn mae tensiynau'n codi weithiau wrth i'r gwirioneddau hyn gael eu cyflwyno a'u pregethu yn y capeli.

Y CENEDL-DDYNION

Oherwydd y gwrthwynebiad chwyrn o blith yr Iddewon, mae Paul yn eu gadael, gan esbonio eu bod wedi cael eu cyfle a'i fod yn rhydd oddi wrthynt, lle'r oedd cyflwyno'r Efengyl iddynt yn y cwestiwn. Ac wrth wneud hyn yr oedd yn dilyn cyfarwyddiadau Crist i'w apostolion: **"Ac os bydd rhywun yn gwrthod eich derbyn a gwrthod gwrando ar eich geiriau, ewch allan o'r tŷ hwnnw neu'r dref honno ac ysgydwch y llwch oddi ar eich traed."** (Math.10:14) Os ydy grŵp arbennig wedi clywed yr efengyl yn glir ac yn parhau i'w gwrthod, does dim angen gwastraffu amser yn dal i weithio yn eu plith.

Yr hyn sydd yn ddiddorol iawn yn yr hanes yma yw nad yw gwrthwynebiad y synagog yn rhwystro gwaith Duw o gwbl. Daw Acwila a Priscila i gredu trwy ddylanwad Paul, a daeth pennaeth y synagog, Crispus, i gredu trwy ddylanwad yr addoli drws nesaf i'r synagog yn nhŷ Titius Jwstws. Yna daeth llawer o bobl y ddinas i gredu yng Nghrist.

Yna fe ddown i'r adnod sydd yn sefyll fel goleudy yng nghanol niwl y paragraff, lle mae'r Arglwydd yn sicrhau Paul bod ganddo lawer eto sydd yn mynd i gredu o'r ddinas, ac na ddaw niwed iddo. Mae'r ffaith fod Paul yn cael amser caled, a'i fod yn dychryn, yn amlwg oddi wrth eiriau Crist. Mae Paul ei hunan yn awgrymu hynny wrth ysgrifennu at y Corinthiaid : **"Mewn gwendid ac ofn a chryndod mawr y bûm i yn eich plith."** (1 Cor.2:3)

Mae'r geiriau hyn yn dangos mai Duw oedd wrth y llyw, ac nid y gelynion, a'i fod yn ffyddlon i'w addewid i fod gyda'i bobl bob amser. Mae neges bwysig i weithwyr teyrnas Crist yn y geiriau hyn: daliwch ati, fel pregethwyr, athrawon a thystion dros Grist, beth bynnag yr anawsterau. Mae Duw yn trefnu ei waith. Mae ganddo bobl fydd yn credu eto yng Nghymru, ac ni all neb na dim ein gwahanu oddi wrth ei gariad sydd yng Nghrist Iesu.

TYFIANT A DIOGELWCH

Byddai'n anghywir i ddweud bod Duw yn gwarchod Paul bob tro, oherwydd cafodd ei labyddio a'i gam-drin droeon, ond y tro hwn cafodd Paul ei warchod yn ôl addewid Crist iddo. Gwelodd nifer yn dod i gredu, ac mae'n amlwg o'r epistol at y Corinthiaid fod yr eglwys wedi profi nerthoedd ysbrydol mawr er fod ganddi broblemau oherwydd cefndir y Cristnogion yn ninas Corinth. Arhosodd Paul yno am flwyddyn a hanner, ac am unwaith gadawodd y ddinas yn dawel ac yn heddychlon.

Yr oedd yr Arglwydd wedi paratoi eneidiau yng Nghorinth, wedi mynd o flaen Paul, a hefyd fe ddefnyddiodd Galio i'w ddiogelu. Gallai fod wedi gwrando ar yr achos ac ymyrryd ynddo, ond yn hytrach fe'i taflodd allan yn syth heb i Paul orfod dweud gair i'w amddiffyn ei hun. Unwaith eto yr oedd yr Arglwydd wedi mynd o flaen Paul.

Trafodwch

1. "Gall capelwyr wrthwynebu'r Efengyl, fel yr Iddewon."

2. A ydyw'n bryd canolbwyntio mwy ar y mwyafrif sydd heb glywed yr Efengyl yn aml yn hytrach na'r lleiafrif sydd wedi ei chlywed ar hyd eu hoes?

3. A ydych yn credu bod gan Dduw bobl a fydd yn credu yng Nghrist yng Nghymru?

Gwers 20 HER Y DDINAS (Actau 28: 11-31)

Mae'r paragraffau hyn yn sôn am yr Apostol Paul yn Rhufain ar ôl taith hir iawn o Jerwsalem. Cawn gipolwg ar anawsterau bywyd yr apostol, er ei fod yn dal i gyflawni ei alwad i gyflwyno'r Efengyl trwy'r cwbl. Efallai y gall yr adran hon fod yn help i ni sydd yn ceisio gwasanaethu'r Arglwydd mewn amgylchiadau anodd ar hyn o bryd.

CYRRAEDD RHUFAIN

Yr ydym yn darllen yn Actau 23:11: **"Y noson honno safodd yr Arglwydd yn ei ymyl, a dywedodd, 'Cod dy galon! Oherwydd fel y tystiolaethaist amdanaf fi yn Jerwsalem, felly y mae'n rhaid iti dystiolaethu yn Rhufain hefyd.'"** O'r amser yna yn Jerwsalem tan yr amser y cyrhaeddodd Paul Rufain, cawn ei hanes yn gorfod ymddangos o flaen arweinwyr pwysig, yn wynebu anawsterau ar y môr ac ar ynys Malta, ac yna o'r diwedd yn cyrraedd Rhufain.

Ond roedd Paul yn gallu wynebu'r cyfan oherwydd mai dyma lle'r oedd yr Arglwydd am iddo fod. Efallai eich bod chi'n wynebu anawsterau yn eich gwaith, yn eich cymdogaeth, yn eich eglwys ar hyn o bryd. Efallai fod anawsterau mawr yn eich wynebu wrth i chi geisio tystiolaethu i'r Arglwydd Iesu Grist a cheisio bod yn halen y ddaear ac yn oleuni yn y byd.

Wrth gyrraedd Rhufain a chyfarfod cyd-Gristnogion tu allan i'r ddinas, fe ddarllenwn: **"Pan welodd Paul hwy, fe ddiolchodd i Dduw, ac ymwrolodd."** Roedd anawsterau tu ôl iddo, ac anawsterau ganddo ar y pryd, a rhagor hefyd o'i flaen, ond diolchodd Paul i Dduw am gael cyrraedd y man lle'r oedd Duw am iddo fod, beth bynnag ei amgylchiadau allanol.

Tybed a ydym ni'n gallu poeni'n ormodol am ein hamgylchiadau allanol, yn hytrach na chanolbwyntio ar ddarganfod ble mae'r Arglwydd am i ni fod fel ei weision. Onid ydym yn llawer mwy tebygol o orchfygu anawsterau a threialon os ydym yn gwybod ein bod yn y lle iawn?

Darllenais am ddyn ifanc a'i wraig a gafodd eu denu i

Gambodia ym 1971 wrth glywed Cristion arall yn sôn wrthynt am y wlad, ac nad oedd y bobl wedi clywed llawer o'r Efengyl. Ymhen dwy flynedd ar ôl cyfnod anodd o ddisgwyl a chael eu siomi, aeth Todd Burke a'i wraig i Cambodia ac fe wnaeth Duw bethau rhyfeddol trwyddynt cyn i'r wlad gael ei meddiannu gan y Khmer Rouge. Gwelsant adegau anodd a threialon, ond roeddent yn gwybod eu bod yn y lle iawn, lle'r oedd Duw wedi eu galw i wasanaethu.

CASGLU'R IDDEWON

Un o'r pethau cyntaf a wnaeth Paul yn Rhufain oedd galw arweinwyr yr Iddewon ato. Esboniodd iddynt ei fod wedi cael ei drosglwyddo i'r Rhufeiniaid gan yr Iddewon yn Jerwsalem. Yna yr oedd wedi apelio at Gesar er mwyn cael prawf teg. Dywedodd nad oedd ganddo ddim yn erbyn Iddewiaeth, ond yn hytrach ei fod wedi darganfod gobaith disgwyliedig Israel yn Iesu Grist.

Mae hyn yn dangos cariad rhyfeddol Paul at ei gyd-genedl. Yr oeddent wedi ei gam-gyhuddo yn Jerswalem, ac wedi ei gam-drin droeon mewn trefi eraill ar ei deithiau, ond yr oedd yn dal yn awyddus i gyflwyno Crist iddynt; yn wir ef oedd yn gwneud y cam cyntaf tuag atyn nhw. Mae hyn yn cadarnhau ei eiriau yn Rhufeiniaid 10:1: **"Fy mrodyr, ewyllys fy nghalon, a'm gweddi ar Dduw dros fy mhobl, yw iddynt gael eu dwyn i iachawdwriaeth."** Ond mae geiriau'r bennod flaenorol yn gryfach fyth: **"Gallwn ddymuno i mi fy hunan fod dan felltith, ac yn ysgymun oddi wrth Grist, pe bai hynny o les iddynt hwy, fy mrodyr i, fy mhobl i o ran cenedl."** (Rhuf. 9:3)

Wrth i ni gael cipolwg ar galon Paul, a'i gariad tuag at ei bobl ei hun, fe gawn ein herio ynglŷn â'n cariad ni tuag at ein cyd-Gymry. Fel roedd llawer o Israel wedi gwrthod Crist, mae llawer o Gymry nad ydynt yn ymddiried yng Nghrist fel eu Gwaredwr a'u Harglwydd ar hyn o bryd hefyd. Oherwydd hynny y maent yn golledig. Ond y cwestiwn yw, faint o gariad sydd gennym ni tuag atynt, faint o amynedd sydd gennym i gyflwyno Crist iddynt? Mae angen i bawb ym mhob cenhedlaeth gael cyfle i glywed y Newyddion Da mor glir â phosib.

Ond cymysg iawn oedd ymateb yr Iddewon yn Rhufain i Paul. Dywed Luc yn syml fod rhai yn credu a rhai heb gredu. Ac mae'n amlwg fod Paul yn poeni ac yn gofidio am hyn wrth iddo lefaru gair pellach wrthynt a dyfynnu'r proffwyd Eseia, a dangos iddynt mai dallineb a byddardod ysbrydol oedd yn peri iddynt beidio â derbyn Crist fel eu Meseia. A'r un rheswm sydd yn rhwystro pobl heddiw. Nid diffyg deall naturiol, ond dallineb ysbrydol.

CYFLE'R CENHEDLOEDD

Ond os oedd yr Iddewon yn gwrthwynebu'n gyffredinol, doedd hynny ddim yn rhwystr i'r efengyl. Colled Israel oedd ennill y Cenhedloedd. Colled un person wrth wrthod Crist yw cyfle person arall.

Mae'r Arglwydd Iesu yn sôn am hyn yn nameg y winllan a'r tenantiaid ym Mathew 21: 33-44. Mae'n darlunio Israel fel tenantiaid ar winllan rhyw berchennog cyfoethog. Teyrnas Dduw yw'r winllan a Duw yw'r perchennog. Yn hytrach na rhoi'r ffrwyth i'r Perchennog mae'r tenantiaid yn ymosod ar ei negeswyr yn chwyrn. Proffwydi Duw yw'r negeswyr. Yna mae'r Perchennog yn anfon ei Fab, ac mae'n amlwg mai Crist yw hwnnw, ac mae yntau'n cael ei wrthod a'i ladd ganddynt.

Dyma gasgliad Crist: **"Am hynny rwy'n dweud wrthych y cymerir teyrnas Dduw oddi wrthych chwi ac fe'i rhoddir i genedl sy'n dwyn ei ffrwythau hi."**

Mae dwy neges i ni yma:

a. Rhaid gwneud yn fawr o bob cyfle. Rhaid i ni fanteisio ar bob cyfle i ymateb i Efengyl Crist. Rhaid i ni gredu yng Nghrist, ymddiried ynddo fel ein Gwaredwr a'n Harglwydd heddiw. Rhaid i'r Cristion fanteisio hefyd ar bob cyfle i wasanaethu Crist. Os na wnawn ni waith yr Arglwydd fe fydd yn defnyddio rhywun arall, ac fe allwn ni golli'r fraint o fod yn weithwyr yn ei winllan, am gyfnod.

b. Rhaid rhoi cyfle i bawb glywed yr Efengyl. Doedd yr apostolion ddim yn aros am byth gyda'r Iddewon ar ôl iddynt gael cyfle da i ymateb i'r Meseia. Rhaid i ni beidio â chadw ymlaen i efengylu wrth bobl sydd wedi cael cyfle iawn i glywed yr efengyl, ond sydd ar hyn o bryd yn gwrthwynebu. Efallai y byddan nhw'n cael cyfle eto trwy ras Duw, ond ein gwaith ni yw rhoi cyfle i eraill hefyd, ac efallai fod gan Dduw eraill sydd yn barod i ymateb i'r efengyl ar hyn o bryd.

Gadewch i ni fanteisio ar bob cyfle i wasanaethu Crist, a chyflwyno'r Efengyl i gynifer o bobl â phosib.

Trafodwch

1. Ydych chi'n credu eich bod lle mae Duw am i chi fod ar hyn o bryd?

2. Ydyn ni'n caru ein cyd-Gymry sydd heb Grist gymaint ag yr ydym yn caru ein cenedl?

3. Ydych chi wedi manteisio ar eich cyfle i dderbyn Crist fel Gwaredwr ac Arglwydd?

CHWEFROR CENHADAETH YR EGLWYS

Gwers 21 BYWYD YR EGLWYS FORE

(Actau 2:43-47, 4:32-37)

Mae'n gwestiwn sydd yn cael ei ofyn yn aml: *'sut eglwys sydd gennych chi?'* Ac mae'r ateb fel arfer yn mynegi enwad yn gyntaf, ac yna maint, ac yna adeilad, ac efallai bydd rhywun yn mynd ymlaen i sôn am fywyd yr eglwys. Yn anffodus, os ydym yn gwneud hyn yr ydym yn gadael y mater pwysicaf tan y diwedd. Dydy'r ddau ddarn sydd gennym dan sylw ddim yn disgrifio'r eglwys fore yn y drefn uchod. Yn hytrach mae llyfr yr Actau yn sôn am *ddyfodiad yr Ysbryd Glân â nerth; cynnwys y pregethu a neges yr eglwys; maint yr ymateb a'r credinwyr newydd; rhyfeddodau ac arwyddion, a natur bywyd parhaus yr eglwys.*

Wrth edrych ar yr eglwys fore yn y ddwy adran yma, hoffwn sôn am bedwar peth:

Eglwys nerthol; eglwys unol; eglwys ddeniadol; eglwys gynyddol.

EGLWYS NERTHOL

Yr oedd yr eglwys gynnar yn Jerwsalem yn eglwys oedd yn gweld rhyfeddodau mawr a nerth mawr yn gweithio yn eu plith. Mae 2:43 yn sôn am **'rhyfeddodau ac arwyddion lawer'** ac mae 4:33 yn dweud mai **'â nerth mawr yr oedd yr apostolion yn rhoi eu tystiolaeth am atgyfodiad yr Arglwydd Iesu'**.

Hynny yw, pan oedd yr apostolion yn pregethu yr oedd pethau'n digwydd. Yr oedd pobl yn cael eu dwysbigo ac yn dod i ffydd yn Iesu Grist. Doedd dim angen ceisio cofio sut beth oedd gweld Duw ar waith, oherwydd yr oedd yn digwydd ar y pryd.

Mor aml yn ein heglwysi heddiw, mae digon o bregethu a siarad, ond ychydig o nerth Duw ar waith ym mywydau pobl i gyd-fynd â'r siarad. Dyma mae Paul yn dweud wrth ysgrifennu at y Thesaloniaid: **"oherwydd nid ar air yn unig y daeth yr efengyl yr ydym ni yn ei phregethu atoch, ond mewn nerth hefyd, ac yn**

yr Ysbryd Glân."

Hefyd yr oedd arwyddion a rhyfeddodau yn digwydd trwy'r apostolion. Yn y drydedd bennod o'r Actau fe ddarllenwn am Pedr ac Ioan yn iacháu dyn cloff wrth borth y Deml. Wrth i'r apostolion gyflwyno Crist byw, yr oedd yr arwyddion a'r rhyfeddodau'n cadarnhau ei fod yn fyw mewn gwirionedd. Tybed a fyddai pobl yn dod i'r casgliad fod Mab Duw yn fyw ac yn bresennol trwy ei Ysbryd wrth edrych ar ein heglwysi ni heddiw?

EGLWYS UNOL

Cawn ddisgrifiad clir a diamwys o undeb y credinwyr cynnar yn y darnau hyn. Hoffwn restri rhai materion oedd yn eu huno:

Cred. Yr oeddent yn un yn eu hymddiriedaeth yn Iesu Grist a'u cred mai Ef oedd y Meseia, Mab Duw, a'i fod wedi marw dros bechaduriaid ar y groes ac wedi ei godi o'r bedd y trydydd dydd. Yna yr oedd wedi esgyn i'r nef ac wedi anfon yr Ysbryd Glân i lawr yn ôl ei addewidion ac yn ôl yr Ysgrythurau.

Cymdeithas. Yr oedd yr eglwys yn deulu oedd yn dibynnu ar Dduw ac ar nerth Duw yr Ysbryd Glân, ond roedd yr aelodau hefyd yn dibynnu ar ei gilydd. Yr oeddent yn addoli gyda'i gilydd. Roedd hyn wedi dechrau pan oedd yr Arglwydd gyda nhw, ac wedi datblygu ar ôl iddo'u gadael ac wedi parhau ar ôl dyfodiad yr Ysbryd Glân. Yr oeddent hefyd yn cydgyfarfod mewn tai er mwyn cael cymdeithas a rhannu prydau bwyd a dathlu aberth y groes.

Yr oeddent yn rhannu eiddo materol. Yr oedd cyfle i rannu eiddo fel nad oedd angen dybryd yn eu plith. Yn nes ymlaen yn llyfr yr Actau fe welwn fod hyn yn digwydd rhwng eglwysi hefyd.

Yr oedd y rhannu eiddo yn gwbl wirfoddol (5:4). Yr oedd yn digwydd yn ôl yr angen (4:35).

Dyma ddilynwyr oedd yn ufuddhau i orchymyn eu Harglwydd i garu ei gilydd fel yr oedd Ef yn eu caru, sef yn aberthol.

EGLWYS DDENIADOL

Yr oedd pobl yn cael eu denu at yr eglwys fore. Yr oedd hyn yn wir am y bobl gyffredin er gwaethaf gwrthwynebiad chwyrn rhai o'u harweinwyr. Y mae hyn yn ein hatgoffa o'r hyn a ddigwyddodd gyda'r Arglwydd Iesu ei hunan: **"Ac yr oedd Iesu yn cynyddu mewn doethineb, a maintioli, a ffafr gyda Duw a dynion."** (Luc 2:52) Er fod yr Arweinwyr Iddewig wedi cynllwynio i ladd yr Arglwydd ymhell cyn ei farwolaeth, yr oeddent yn dal yn ôl rhag ymosod arno **"ond yr oedd arnynt ofn y tyrfaoedd, am eu bod hwy yn ei gyfrif ef yn broffwyd."** (Mathew 21:46)

Ac yn awr yr oedd yr un peth yn union yn digwydd gyda dilynwyr Crist. Ni chafodd Pedr ac Ioan eu cosbi'n waeth ar ôl iacháu'r dyn cloff, ond eu rhyddhau gyda rhybudd: **"oherwydd y bobl; oblegid yr oedd pawb yn gogoneddu Duw am yr hyn oedd wedi digwydd."** (Act 4:21)

EGLWYS GYNYDDOL

Er fod diddordeb afiach gan bobl mewn ffigurau weithiau, a bod rhai yn cael eu temtio i chwyddo ffigurau mewn rhyw arolwg eglwysig efallai, daeth cynnydd mawr i eglwys Jerwsalem ar ôl dyfodiad yr Ysbryd Glân. Mae'n gwneud i rywun feddwl am gyfnodau o adfywiad yn hanes eglwys Iesu Grist pan mae llawer yn cael eu hychwanegu at yr eglwys mewn cyfnod cymharol fyr. Ac yn Jerwsalem fe aeth rhif y credinwyr o 120 i ryw 5,000 mewn fawr o dro. Yr ydym wedi darllen am hynny hefyd yn hanes crefydd yng Nghymru. Fe amcangyfrifir fod 110,000 o eneidiau wedi cael eu hychwanegu at eglwysi Cymru yn niwygiad 1859, sydd yn gynnydd aruthrol mewn cyfnod mor fyr.

Wrth i ni ddarllen am y pethau hyn yn llyfr yr Actau ac yn hanes yr eglwys, gadewch i ni erfyn ar Dduw i'n galluogi eto i fod yn nerthol, yn unol, yn ddeniadol ac yn gynyddol yma yng Nghymru, a hynny er gogoniant i Grist ac er lles tragwyddol ein cenedl annwyl.

Trafodwch

1. Ydy pwyslais ein heglwysi yn iawn heddiw o'i gymharu â Llyfr yr Actau?

2. "O weld rhai oedfaon ni allem feio pobl tu allan i'r

eglwysi am feddwl bod Duw wedi marw."

3. A allwn fynd ymlaen heb adfywiad ysbrydol?

Gwers 22 PEDR AC IOAN GERBRON Y CYNGOR (Actau 4:1-22)

Yn yr adran hon, cawn gipolwg ar yr hyn oedd yn digwydd, ac sydd o hyd yn digwydd i ddilynwyr ffyddlon Crist. Er fod Pedr ac Ioan yn llawn o'r Ysbryd Glân ac yn gwneud daioni yn enw Crist, cawsant wrthwynebiad gan yr awdurdodau crefyddol. Gobeithio bydd edrych ar y darn hwn yn hwb i'r Cristnogion hynny sydd yn profi gwrthwynebiad wrth geisio gwasanaethu a thystio i'r Arglwydd Iesu Grist.

Hoffwn edrych ar dair nodwedd o fod yn ddisgybl i Grist sydd i'w gweld yn yr adran yma, sef:

Dioddef gyda Christ; Tystio i Grist; Hyder yng Nghrist.

DIODDEF GYDA CHRIST

Roedd yr Arglwydd Iesu wedi rhybuddio ei ddisgyblion cyn eu gadael y bydden nhw'n profi gwrthwynebiad chwyrn fel ei ddilynwyr Ef: **"yn wir y mae amser yn dod pan fydd pawb fydd yn eich lladd chwi yn meddwl ei fod yn offrymu gwasanaeth i Dduw."** (Ioan 16:2) A hefyd: **"Yn y byd fe gewch orthrymder."** (Ioan 16:33). Roedd yr Arglwydd hefyd wedi sôn am godi croes wrth ei ganlyn, a bod yn barod i golli bywyd. Mae'r apostol Paul yn sôn am **"gymdeithas ei ddioddefiadau ef"** wrth ysgrifennu at y Philipiaid fel rhywbeth oedd yn rhan annatod o fod yng Nghrist.

Mae hyn wedi digwydd i Gristnogion ar hyd y canrifoedd ac mae'n sicr bod gwrthwynebiad o ryw fath yn wynebu pob disgybl ffyddlon i Grist rywbryd neu'i gilydd.

Dyma brofiad Pedr ac Ioan. Er eu bod wedi gwella dyn cloff mewn ffordd ryfeddol, nid yw'r awdurdodau crefyddol yn llawenhau nac yn llongyfarch y claf. Dyma ddigwyddodd mor aml gyda Christ ei hun. Yn hytrach, maen nhw'n anhapus fod yr apostolion yn mynd ymlaen i bregethu ac i sôn am Iesu fel y Meseia a fu farw trwy ddwylo'r Iddewon, mewn anwybodaeth. Yna maent yn galw ar y bobl i edifarhau er mwyn i'w pechodau gael eu dileu, yn enw ac yn awdurdod y Crist byw.

Ac mae'r awdurdodau a fu'n erlid Crist yn erlid y ddau apostol. Maent yn eu carcharu a'u cwestiynu mewn cyfarfod pwysig o'r arweinwyr Iddewig uchaf. Nid eu holi er gwybodaeth nac er mwyn y gwir, ond er mwyn eu baglu a'u rhwydo, yn union fel yr oeddent wedi cwestiynu Crist droeon.

Fel y dywed yr emynydd:

'Dilynaf fy mugail trwy f'oes
Er amarch a gwaradwydd y byd;
A dygaf ei ddirmyg a'i groes,
Gan dynnu i'r nefoedd o hyd;
Mi rodiaf, trwy gymorth ei ras,
Y llwybyr a gerddodd Efe;
Nid rhyfedd os gwawdir y gwas,
Cans gwawd gafodd Arglwydd y ne'.'

Mae'n bwysig i ni gofio nad yw'r Testament Newydd yn sôn am fod yn ddisgyblion i Grist heb ein hatgoffa o'r gost sydd yn debygol o ddod gyda hynny.

TYSTIO I GRIST

Yr hyn sydd yn rhyfedd yn yr hanes yma, yw bod dioddefaint a threialon yr apostolion yn dod â chyfle arall i dystio i Iesu Grist. Pan ddechreuodd yr awdurdodau eu holi ynglŷn â gwella'r dyn cloff, dyma Pedr yn neidio ar y cyfle i ddweud mai nerth Crist oedd yn gyfrifol am y wyrth, a bod hyn yn profi fod Iesu, a groeshoeliwyd ganddynt, yn fyw. Yr oedden nhw wedi gwrthod Mab Duw. Yna mae Pedr yn dyfynnu'r Hen Destament, a fyddai'n gyfarwydd i'r arweinwyr Iddewig, a sôn am Iesu fel y maen gwrthodedig yn Salm 118:22: **"Y maen a wrthododd yr adeiladwyr a ddaeth yn brif gonglfaen."**

Cawn y darlun o adeiladwyr yn codi adeilad. Wrth weithio mae carreg fawr yn mynd yn eu ffordd. Maent yn gwrthod y garreg ac yn ei rhoi o'r neilltu. Ond yna daw'n amser i osod y prif gonglfaen yn ei le. Dydy'r adeiladwyr ddim yn gallu dod o hyd i garreg addas, nes i rywun gofio am y garreg fawr oedd wedi cael ei thaflu naill ochr. Mae'r garreg a fu'n rhwystr ac yn dramgwydd, bellach yn coroni'r adeilad. Dyma ddarlun o agwedd yr Israeliaid at y Meseia. Roedden nhw wedi gwrthod Iesu Grist, ond byddai pawb yn gweld cyn hir mai Ef oedd y Meseia, ac yn wir Brenin Brenhinoedd ac Arglwydd Arglwyddi. Roedd yr arweinwyr yn gwneud camgymeriad ofnadwy, felly, yn gwrthod Iesu Grist. Mae unrhyw un sydd yn ei wrthod heddiw ar ôl cael cyfle i wybod amdano a chredu ynddo, yn gwneud yr un camgymeriad.

HYDER YNG NGHRIST

Roedd geiriau Pedr ac Ioan yn synnu'r awdurdodau. Yr oedd y dynion annysgedig hyn yn huawdl ac yn eofn, ac yr oedd yn amlwg eu bod wedi bod gyda Iesu. Dyma ddisgrifiad hyfryd o sut y dylem ni fod fel Cristnogion. Dylem fod yn huawdl ac eofn, a dylai pobl weld ein bod wedi bod gyda Iesu. Yn wir mae Duw yn disgwyl i hyn fod yn wir amdanom ni.

Ond efallai y bydd rhywun yn dweud, *'ond fedra i ddim bod yn huawdl wrth dystiolaethu, dydw i ddim wedi cael coleg, a dyw'r geiriau iawn ddim gen i.'* Ond wrth gwrs, gallem ddweud yr union bethau am Pedr ac Ioan. Pysgotwyr cyffredin iawn oedd y dynion hyn. Adeg y croeshoelio yr oedden nhw'n ofn bod yn rhy agos at Iesu ac yr oedd Pedr yn ofn cael ei gysylltu â'r Gwaredwr.

Yr oedd Moses yn teimlo'n hollol annigonol i fynd at Pharo a chynrychioli ei bobl ger ei fron. Ond yr oedd Duw yn ei alw fel yr oedd Iesu wedi anfon yr Apostolion, **"fel ŵyn i blith bleiddiaid"**.

Y mae llawer ohonom yn meddwl bod rhaid i ni fod yn ddigonol ***cyn*** y gallwn wneud gwaith effeithiol yn nheyrnas Dduw.

Hyfforddiant mewn swydd. Mor aml mae pobl wedi torri eu calon wrth sylweddoli na fedren nhw geisio am swydd am nad oedd y cymwysterau angenrheidiol ganddynt i'w chyflawni. Ond daeth pwyslais newydd bellach, gyda chyfle i lawer i newid swydd a chael eu hyfforddi ***ar ôl*** ei dechrau.

A dywedodd yr Arglwydd wrth Moses: **"Byddaf fi gyda thi."** Presenoldeb Duw a'i addewid ac arwydd ei bresenoldeb yn y ffon oedd yn gwneud Moses yn barod i wynebu Pharo. Yn ei drugaredd caniataodd yr Arglwydd i Moses fynd ag Aron ei frawd gydag ef hefyd.

Dywedodd Iesu wrth ei apostolion i fynd i'r holl fyd ond dywed Luc wrthym: **"Ac wrth fod gyda hwy, gorchmynnodd iddynt beidio ag ymadael o Jerwsalem, ond disgwyl am yr hyn a addawodd y Tad."** (Actau 1:4) Hynny yw, yr oeddent i ddisgwyl yr Ysbryd Glân.

Gobeithio bod hyn yn gysur i ni i gyd. Mae'r Arglwydd yn ein galw i'w wasanaethu, ond nid yw'n disgwyl i ni fod yn ddigonol ynom ein hunain, ond yn hytrach mae'n disgwyl i ni bwyso arno Fe i'n galluogi i fod yn effeithiol trwy nerth yr Ysbryd Glân.

Trafodwch

1. Oes peryg i ni beidio â sôn am gost bod yn ddisgybl i Grist wrth gyflwyno'r Efengyl?

2. Ydyn ni'n tueddu i feddwl fod yn rhaid i ni fod yn gymwys o ran cymwysterau seciwlar, i wneud gwaith Crist?

3. "Nid yw Duw yn ceisio clyfrwch ond eiddgarwch."

Gwers 23 PREGETHU'R EFENGYL YN SAMARIA (Actau 8:4-25)

Yr oedd Iesu Grist wedi dweud wrth yr apostolion cyn ei esgyniad y bydden nhw'n dystion iddo **"yn Jerwsalem, ac yn holl Jwdea a Samaria a hyd eithaf y ddaear"**. Yn y bennod hon, fe welwn sut y lledodd yr Efengyl trwy'r Apostolion i Samaria. Mewn un ystyr fe ddigwyddodd hyn mewn ffordd annisgwyl, gan fod llawer o'r credinwyr yn Jerwsalem wedi eu gyrru allan trwy erledigaeth. Hoffwn edrych ar ddwy thema:

Symud i Samaria; Seimon y Swynwr.

SYMUD I SAMARIA

Yr oedd Jerwsalem yn ferw i gyd ar ôl llabyddio Steffan. Yr oedd yr arweinwyr Iddewig ac eithafwyr penboeth fel Saul o Darsus, yn gwneud bywyd yn annioddefol i Gristnogion y ddinas. Pe byddent yn aros, yr oedd yn debygol iawn mai cael eu llusgo i garchar gan Saul a'i griw fyddai eu hanes. Cafodd llawer iawn o Gristnogion eu gwasgaru, er bod yr apostolion wedi aros. Mae'n debyg bod llawer yn gweld hyn fel digwyddiad anffodus iawn, ac anodd iawn ei ddeall ar y pryd.

Ond beth oedd yn digwydd mewn gwirionedd oedd bod yr Arglwydd yn cyflawni ei gynllun i ledu'r Efengyl allan o Jerwsalem. Mae'r gair '**gwasgaru**' yn adnod 1 a 4 yn ddiddorol iawn. Ystyr lythrennol y gair yw *'**hau ar led**'*. Ac mae hynny'n rhoi darlun rhyfeddol inni o'r hyn yr oedd Duw yn ei wneud er gwaethaf yr erledigaeth. Y darlun a gawn yw bod y Cristnogion fel had. Pan ddaeth yr erledigaeth fe'i chwythwyd ar led ac fe ddisgynnon nhw mewn ardaloedd eraill, gan ddwyn ffrwyth gogoneddus a pheri bod teyrnas Dduw yn symud ymlaen. Fe drodd storm yr erlid yn wynt ffafriol i wasgaru had yr eglwys er gogoniant i Dduw. Mor wir yw geiriau William Cowper:

'Trwy ddirgel ffyrdd mae'r uchel Iôr
Yn dwyn ei waith i ben;
Ei lwybrau Ef sydd yn y môr
Marchoga wynt y nen.'

Wrth gwrs, yr hyn a gawn ni yn y bennod hon yw hanes yr hyn a ddigwyddodd mewn un lle, sef Samaria. A gallwn weld bod y gwasgaru wedi bod yn ffrwythlon. Newidiwyd pobl y ddinas lle'r aeth Philip (un o'r diaconiaid gwreiddiol oedd yn llawn o'r Ysbryd Glân), o fod wedi eu synnu a'u swyno gan Seimon, i fod yn ymlynwyr wrth yr Arglwydd Iesu Grist. Cawsant eu newid felly o gaethiwed anwiredd, i ryddid gogoneddus y gwirionedd sydd yng Nghrist.

Y GRYM A'R GWIRIONEDD

Gwelwn fod dwy elfen i waith Duw trwy Philip. Yr oedd yn **"pregethu'r Gair"** ac yn **"cyhoeddi'r Meseia"**. Mae'r term **'pregethu'r Gair'** gair yn golygu *'cyflwyno'r Newyddion Da'*, sef bod Duw yn caru'r bobl, ac yn eu galw i ddod i'w adnabod trwy Iesu Grist; bod Crist yn ffordd at Dduw trwy ei aberth ar y groes a'i atgyfodiad; bod maddeuant a pherthynas â Duw trwy edifeirwch a ffydd. Yr oedd yn herald i Dduw wrth **'gyhoeddi'r Meseia'**. Yr oedd ganddo awdurdod Crist, ac yr oedd gwrthod Philip a'i neges werthfawr yn golygu gwrthod Crist, ac felly gwrthod Duw.

Ail elfen gwaith Duw trwy Philip oedd arwyddion gwyrthiol. Yr oedd yn bwrw allan ysbrydion ac yn iacháu pobl. Felly yr oedd yr arwyddion yn cadarnhau gwirionedd y neges. Yr oedd Duw yn dangos y grym a'r gwirionedd trwy Philip. Ac oherwydd hyn daeth llawer iawn i gredu yn yr Arglwydd Iesu Grist a dangos eu ffydd trwy gymryd eu bedyddio.

Un peth oedd yn eisiau ym mhrofiad y Samariaid. Er eu bod wedi gweld grym yr Ysbryd Glân ar waith yn Philip, ac wedi ymateb yn gadarnhaol, ac er fod yr Ysbryd wedi eu hargyhoeddi a'u dwyn i edifeirwch a ffydd, doedden nhw eu hunain ddim wedi eu bedyddio â'r Ysbryd Glân, a'i nerth.

Ond pan ddaeth yr apostolion i lawr fe dderbyniodd y Samariaid yr Ysbryd. Roedd yr hyn yr oeddent wedi ei weld yn Philip wedi eu meddiannu nhw bellach.

SIMON Y SWYNWR

Ond allwn ni ddim sôn am Samaria heb sôn am Simon y swynwr.

Mae'n amlwg fod hwn yn ddyn dylanwadol a chanolog yn y ddinas. Pan gyrhaeddodd Philip roedd pawb yn y ddinas yn tybio mai Simon oedd yn feddiannol ar *'Y Gallu Mawr'*, am ei fod yn synnu pobl gyda'i ddewiniaeth. Yr oedd ef ei hun yn honni bod yn rhywun mawr, ac yr oedd wedi cyfareddu pobl gyda'i swyn.

Ond pan ddaeth Philip a chyflawni ei arwyddion, fe ddaeth y Samariaid i gredu yn Iesu Grist. Ac i bob golwg yr oedd Simon wedi dod i gredu hefyd, a chymrodd ei fedyddio gyda'r gweddill. Roedd yn ymddangos ei fod wedi cefnu ar weithredoedd twyllodrus y tywyllwch. Fe ddarllenwn ymhellach ei fod wedi glynu wrth Philip ac yn ymddangos fel disgybl oedd yn awyddus iawn i ddysgu. Mae'n amlwg ei fod yntau nawr wedi ei ryfeddu gan yr arwyddion yr oedd Philip yn eu gwneud trwy allu'r Ysbryd Glân.

Yn wir pan welodd Pedr ac Ioan yn cyfrannu bendith yr Ysbryd ar y Samariaid yr oedd yn awyddus i gael y gallu apostolaidd yma iddo fe'i hunan. Yna mae Pedr yn ei ddatguddio fel twyllwr a ffugiwr. Nid bod yn iawn gyda Duw oedd ei brif gonsýrn. Nid oes cofnod o gwbl iddo edifarhau am ei bechod. Nid awydd i dderbyn nerth yr Ysbryd er mwyn gweinidogaethu oedd ei amcan. Yn hytrach yr oedd am ddefnyddio grym gwirioneddol Ysbryd Duw er mwyn ei ddyrchafu ei hun a chael awdurdod a dylanwad apostolaidd. Yn wir yr oedd yn fodlon prynu hyn, ac mae'r ffaith iddo gynnig arian yn dangos gwir gyflwr ei galon. Daeth y gair Saesneg *'Simony'* o'r hanes yma ac mae'n golygu *'prynu a gwerthu swyddi neu freintiau eglwysig'*.

Mae llyfr yr Actau yn dangos yn glir iawn fod gwrthdaro rhwng yr efengyl ac elw ariannol.

Cafodd Ananias a Saphira eu taro'n farw am geisio twyllo'r eglwys eu bod yn awyddus i roi arian yn hael er lles eraill. Rhoddodd Paul feistri'r ddewines allan o waith yn Philipi, a chael ei hun yn y carchar o ganlyniad. Achosodd drafferth i wneuthurwyr delwau arian yn Effesus hefyd, a chododd terfysg mawr yn y ddinas.

Neges hanes Simon yw, bod y Diafol yn cynhyrchu credinwyr ffug pan fydd yr Ysbryd yn cynhyrchu credinwyr dilys. Ond diolch i Dduw am ei waith gogoneddus a dilys trwy ddirgel ffyrdd.

Trafodwch

1. "I lawer heddiw mae'r Efengyl yn arwydd o wendid, nid o nerth."

2. A welsoch chi achos o rywun yn defnyddio crefydd er mwyn elw ariannol?

3. Ydy'n ffydd ni yn werth ei ddynwared?

Gwers 24 PHILIP A'R EUNUCH O ETHIOPIA (Actau 8:26-40)

Mae gan Dduw ei ffyrdd arbennig ei hun o gario'i waith ymlaen. Mae Llyfr yr Actau yn disgrifio lledaeniad yr Efengyl i ardaloedd a gwledydd pell. Ond ni fyddai neb wedi breuddwydio y byddai'r Efengyl wedi ei gwasgaru yn y fath ffordd.

Mae'r darn hwn yn dweud wrthym sut aeth yr Efengyl i Ethiopia, sef Abyssynia heddiw. Mae'r hanes yn rhyfedd, ac nid oedd dim yn ormod gan Dduw i wneud yn siŵr fod Efengyl ei Fab yn cyrraedd yr ardal yna i'r De o'r Aifft.

Yn yr hanes gallwn olrhain gwaith Duw o'r dechrau i'r diwedd, er ei fod yn defnyddio'i weision, wrth reswm:

Arweiniad yr Arglwydd; Paratoad yr Arglwydd; Canlyniad gwaith yr Arglwydd.

ARWEINIAD YR ARGLWYDD

Mae'r Arglwydd yn defnyddio angel i gymell Philip i fynd i'r De o Jerwslaem ar y ffordd i Gasa. Mae'n amlwg ei fod yn lle anial. Dyw Philip ddim yn cael gwybod pam mae'n mynd, ond serch hynny mae'n ufuddhau.

Mae hyn yn esiampl i bob un ohonom sydd yn awyddus i gael ein defnyddio yng ngwaith yr Arglwydd. Hyd yn oed os na ddaw angylion atom, mae gennym air Duw, a thystiolaeth yr Ysbryd yn ein calonnau. Y peth pwysig i ni yw bod yn ufudd i'r Arglwydd. Mae hyn yn ein hatgoffa o eiriau'r Arglwydd Iesu:

"Os cadwch fy ngorchymynion fe arhoswch yn fy nghariad." (Ioan 15:10)

"Os ydych yn fy ngharu i, fe gadwch fy ngorchymynion i." (Ioan 14:15)

** Ufudd-dod yw'r allwedd i droi theori'r Efengyl a'r Beibl yn brofiad byw, ac i sicrhau ffafr yr Arglwydd. Syrthiodd Saul y brenin i'r fagl o feddwl y gallai dawelu Duw gyda rhoddion trwy aberthu anifeiliaid pan oedd wedi anufuddhau i'w orchymyn i beidio ag arbed dim o eiddo'r gelyn.

Dyma eiriau Duw trwy Samuel:

"Gwell gwrando nag aberth, ac ufudd-dod na braster hyrddod." (1 Samuel 15:22)

Yna mae'r Arglwydd yn arwain Philip at gerbyd yr eunuch o Ethiopia. Yr oedd hwn wedi bod yn Jerwsalem yn addoli ar y Pentecost ac yn dychwelyd adref. Mae'n debyg mai ystyr eunuch yma yw *'pennaeth'* (ar bethau'r brenin neu'r frenhines). Hwn oedd y nesaf at y frenhines ac yn drysorydd iddi. Yr oedd ef ei hun yn gyfoethog ac yn ddylanwadol iawn yn ei wlad. Byddai tyrfa go lew o bobl gydag ef ar ei daith. Mae'r Arglwydd wedi arwain Philip at hwn, felly, er ei fwyn ei hun, ac er mwyn ei bobl. Yr oedd, ac y mae diddordeb gan yr Arglwydd Iesu mewn unigolion, a hefyd awydd i gynifer â phosib gael clywed y Newyddion Da.

PARATOAD YR ARGLWYDD

Pan gyrhaeddodd Philip y cerbyd, a chyfarfod â'r eunuch, fe welodd fod pethau wedi cael eu paratoi eisoes. Roedd y dyn yn darllen yr Ysgrythur ac yn myfyrio yn Eseia 53. Gwelwn ôl gwaith Duw eisoes ar fywyd y dyn hwn, felly. Nid rhyw broselyt arwynebol oedd hwn yn mynd ar deithiau o ran ofergoel. Yr oedd yn ceisio Duw ac yn ceisio deall ei air yn well. A gallwn ddweud fod gwaith Duw i raddau tebyg i'w weld ym mywydau rhai pobl grefyddol heddiw. Maen nhw o ddifrif yn awyddus i geisio Duw, er nad ydyn nhw'n deall calon yr Efengyl, a gwaetha'r modd y maen nhw'n dal i fod yn golledig heb adnabod Iesu Grist fel eu Gwaredwr personol.

Felly, roedd calon yr Ethiopiad yn barod ac roedd Philip yn y man iawn ar yr amser iawn. Dyma Philip yn ei holi ynglŷn â'r darn yr oedd yn ei ddarllen, ac mae'n cydnabod yn onest ei fod angen esboniad, a'i fod felly'n barod i gael ei ddysgu.

Tybed nad oes angen i ni weddïo mwy ar yr Arglwydd i'n harwain at rai y mae Ef yn gweithio eisoes ar eu calonnau heddiw, a'n helpu hefyd i weld yr arwyddion eu bod yn sychedu am yr Efengyl. Manteisiodd Philip ar y cyfle i gyflwyno Iesu Grist fel cyflawniad y broffwydoliaeth yn Eseia, a hefyd byddai wedi mynd ymlaen i sôn am fywyd a marwolaeth Iesu a'i atgyfodiad ac awyddocâd hynny i'r Ethiopiad.

CANLYNIAD GWAITH YR ARGLWYDD

Gan fod yr Arglwydd wedi trefnu'r digwyddiad hwn yn fanwl, yr oedd yn siŵr o gyflawni ei bwrpas.

Mae'n siŵr fod Philip wedi sôn am fedydd neu efallai bod yr eunuch yn gwybod am hynny eisoes ar ôl bod yn Jerwsalem. Gofynnodd yn syth am gael ei fedyddio er mwyn gwneud ei ffydd yn rhywbeth cyhoeddus a chlir i'r criw mawr oedd yn mynd ar y daith gydag ef. Doedd bod yn broselyt ddim wedi dod yn naturiol yn yr hen Ethiopia cynt, ond mae'n amlwg fod y dyn hwn yn dilyn cydwybod yn hytrach na ffasiwn y bobl. Ni fyddai arddel Crist yn haws, ond mae'n gwybod mai dyna'r peth iawn i'w wneud. Roedd gwaith Duw yn blodeuo yn ei fywyd, yr oedd y cynlluniau'n cael eu gwireddu.

Mae hynny'n wir am dröedigaeth pob un ohonom. Gallwn edrych yn ôl a rhyfeddu at y ffordd y daeth yr Arglwydd â ni i ryw sefyllfa ac i ryw bwynt o angen ac i gyfarfod â rhyw Gristion neu Gristnogion ar yr amser iawn.

'Rhagluniaeth fawr y nef,
Mor rhyfedd yw
Esboniad helaeth hon
O arfaeth Duw:
Mae'n gwylio llwch y llawr,
Mae'n trefnu lluoedd nef,
Cyflawna'r cwbl oll
O'i gyngor Ef.'

Roedd C.H. Spurgeon yn dweud mai'r fraint nesaf at fod yn Gristion, yw arwain rhywun arall at Grist. Dyma'r fraint a gafodd Philip trwy ufuddhau i orchymyn digon rhyfedd, heb wybod beth oedd ei ben draw. Gall pob un Cristion brofi'r un fraint trwy fod yn ufudd i air yr Arglwydd ac arweiniad yr Ysbryd Glân. Boed i ni brofi hynny'n helaeth!!

Trafodwch

1. ** Trafodwch y frawddeg yma.

2. Ydyn ni wedi colli gweledigaeth Duw o gyrraedd pawb â'r Efengyl?

3. Ydych chi'n credu yn rhagluniaeth Duw yn eich bywyd personol chi?

MAWRTH — ADEILADU'R EGLWYS

Gwers 25 — ETHOL Y SAITH

(Actau 6:1-7)

Yn y darn bach hwn o Lyfr yr Actau fe welwn sut roddodd yr Arglwydd drefn ar yr eglwys yn Jerwsalem. Unwaith eto, nid eistedd i lawr a phenderfynu ar drefn a wnaeth yr apostolion, ond yn hytrach ymateb i broblem a gododd yn yr eglwys gynnar. Ond oherwydd hyn y mae gennym arweiniad ynglŷn â gwaith gweinidogion neu oruchwylwyr, a hefyd y rhai sydd yn eu cynorthwyo. Er nad yw'r gair diacon yn cael ei ddefnyddio yma i ddisgrifio'r saith a ddewiswyd, fe ddefnyddir y gair Groeg '**diakonos**' a gyfieithir *"darpariaeth"*(ad.1) a'r ferf '**diakoneo**' a gyfieithir *"gweini"* (ad.2). Mae hyn yn rhoi arweiniad i ni ynglŷn â'r weinidogaeth gefnogol ymarferol yn yr eglwys.

A gawn ni, felly, edrych ar y broblem a gododd a'r hyn a ddatblygodd o'r gwaith o ymateb i'r broblem honno?

Cwyn; Cyfrifoldebau; Canlyniad.

CWYN

Er nad yw problem eglwys Jerwsalem yn hollol ddieithr i ni, fe welwn ei bod yn codi mewn eglwys oedd yn tyfu'n gyflym iawn. Problem a gododd allan o dyfiant oedd hon yn eglwys Jerwsalem, felly. Yr oedd gweddwon (mwy na thebyg mae hyn yn cynnwys y tlodion hefyd) yr Iddewon Groegaidd yn teimlo eu bod yn cael eu hesgeuluso o'u cymharu â gweddwon yr Iddewon Hebraeg. Yr oedd yr Iddewon Groegaidd (Helenaidd) wedi dod i Balestina o wledydd eraill. Eu prif iaith oedd Groeg. Yr oedd yr Iddewon Hebraeg wedi eu geni a'u magu ym Mhalestina ac yn siarad Aramaeg a Groeg.

Gallem ddweud fod y sefyllfa'n debyg i un y Cymry Cymraeg a'r Cymry di-Gymraeg.

Mae'n bosibl fod y tlodion Hebreig yn cael ffafriaeth am fod yr Hebrewyr yn rhoi mwy o arian i goffrau'r tlodion am eu bod yn gallu gwerthu eu tir ym Mhalestina. Am fod mwy yn dod i mewn oddi wrth Hebrewyr, yr oedd yn bosib bod rhai'n credu y dylai mwy fynd allan i Hebrewyr hefyd.

Problem yr apostolion oedd nad oedd ganddynt ddigon o amser i drin a thrafod yr arian i'r tlodion a gwneud eu priod waith, a hynny oherwydd fod yr eglwys yn tyfu. Felly, maen nhw'n ymgynghori â'r eglwys gyfan ynglŷn â dewis saith o ddynion i'w cynorthwyo yn y gwaith hwn. Ac mae'r dewis yn dangos calon yr apostolion a chalon Duw.

Yr oedd chwech yn Helenwyr, yn ôl eu henwau, ac un, sef Nicolaus, yn Broselyt (person sydd wedi troi at y ffydd Iddewig o gefndir gwahanol).

Os oedd arlliw o annhegwch yn bodoli cynt, fe fyddai hyn yn siŵr o unioni'r cam.

CYFRIFOLDEBAU

Pan gododd y broblem hon yn Jerwsalem fe sylweddolodd yr apostolion ei bod yn rhaid iddynt rannu gweinidogaeth ymarferol yr eglwys er mwyn canolbwyntio ar eu gwaith fel gweinidogion ysbrydol.

Mae hyn yn synnwyr cyffredin ac yn gyson â holl ddysgeidiaeth yr epistolau ynglŷn â'r eglwys fel corff o gredinwyr, gyda rhan i bob aelod o'r corff. Yn wir cawsom rhyw gysgod o hyn yn yr Hen Destament pan oedd Moses bron â'i ladd ei hunan wrth geisio delio gyda holl broblemau Israel yn yr anialwch. Bu'n rhaid i'w dad-yng-nghyfraith ei roi ar ben ffordd a dweud wrtho i benodi barnwyr eraill i drafod y materion cyffredin, ac os byddai mater dyrys ac anodd y gallen nhw ddod at Moses bryd hynny. Nid yn unig yr oedd yn ormod i un person, ond yr oedd nifer fawr o ddynion eraill yn cael rhan yn y gwaith ar ôl mabwysiadu awgrym Jethro. Yna yr oedd Moses yn gallu canolbwyntio ar ei briod waith: **"Ti sydd i gynrychioli'r bobl o flaen Duw, a dod â'u hachosion ato ef. Ti hefyd sydd i ddysgu'r bobl y deddfau a'r cyfreithiau, a rhoi gwybod iddynt sut y dylent ymddwyn a beth y dylent ei wneud."** (Exodus 18:19-20) Felly, gwaith Moses oedd gweddïo ar ran y bobl a'u cynrychioli o flaen Duw, a'u dysgu, ond gallai eraill ei gynorthwyo i weithio hynny allan yn ymarferol ac yn fanwl yn eu bywydau bob dydd.

Mae'r apostolion yn dweud rhywbeth tebyg iawn: **"Nid yw'n addas i ni adael gair Duw i weini wrth fyrddau . . . Fe barhawn ni yn ddyfal yn y gweddïo ac yng ngwasanaeth y Gair."** Eu cyfrifoldeb nhw oedd gweddïo dros yr eglwys gerbron Duw, a chyflwyno gair Duw i'r bobl. Gallai eraill eu helpu i gymhwyso hyn yn ymarferol ac yn benodol.

Er bod gorweithio'n broblem i weinidogion heddiw, yn aml nid o achos eu bod yn gwrthod rhannu'r gwaith ymarferol y mae hynny, er bod hynny'n bosib, ond yn hytrach oherwydd nad oes llawer o gynorthwywr parod nac addas i'w cael.

CYMHWYSTER

Yn ôl Jethro, yr oedd Moses i ddewis dynion **"galluog a gonest, sy'n parchu Duw ac yn casáu llwgrwobrwyo"**. Yr oedd angen dynion dibynadwy y gallai Moses a'r bobl ymddiried ynddynt. Yr oedd hefyd angen dynion duwiol i ymwneud â phethau Duw. Sut all person nad yw'n adnabod Duw nac yn ei garu na'i barchu ymwneud â phethau Duw?

Y mae cyfarwyddiadau'r apostolion yn debyg. Roedd angen dynion **"ag iddynt air da, yn llawn o'r Ysbryd ac o ddoethineb"**. Eto roedd angen rhai oedd wedi eu profi fel rhai dibynadwy, rhai oedd yn addas ar gyfer y gwaith (ni fyddai o unrhyw werth penodi Cristion hyfryd heb ddawn gweinyddu i'r swydd hon), a rhai oedd yn llawn o'r Ysbryd Glân, rhai oedd wedi profi gwaith Duw yn eu bywyd ac yn dangos ffrwythau hynny hefyd.

Mae'n drist weithiau i weld pobl mewn swyddi o arweiniad mewn capeli sydd heb ddiddordeb yn Nuw, sydd heb gariad cynnes at y Gwaredwr, ac nad ydynt yn deall iaith yr Efengyl na iaith gras. Mae hyn yn annheg â'r eglwys ac yn annheg â'r unigolion dan sylw, ac yn gwneud drwg i achos Iesu Grist.

CANLYNIAD

Yn syml iawn, ni fu'r newid patrwm yn dramgwydd i dyfiant yr eglwys, ond i'r gwrthwyneb: **"Yr oedd nifer y disgyblion yn Jerwsalem yn lluosogi'n ddirfawr."** A thybed nad yw rhai o'r problemau sydd yn ein hwynebu heddiw *wedi* codi, ac *yn* codi am nad ydym wedi dilyn patrwm y Testament Newydd!

Trafodwch

1. Ai 'band-un-dyn' yw'r weinidogaeth Gristnogol?

2. A ddylai ein heglwysi fod yn ddemocrataidd neu yn theocrataidd?

3. Ydyn ni'n dilyn canllawiau'r Testament Newydd wrth ddewis diaconiaid/blaenoriaid?

Gwers 26 GWAED Y MERTHYR - STEFFAN (Actau 6:8-15, 7:54-60)

Yn uned saith yr ydym yn astudio sut yr adeiladwyd ac y datblygwyd eglwys Crist yn y dyddiau cynnar. Does dim amheuaeth nad oedd cyfraniad Steffan trwy ei dystiolaeth a'i ferthyrdod yn gam ymlaen i'r eglwys, er ei fod yn ergyd mawr dinistriol i Israel yn ei pherthynas â Duw.

STEFFAN Y TYST (ACTAU 6:8-15)

Gweithiwr grasol

Steffan yw'r unig un o'r saith y nodwyd rhywbeth arbennig am ei gymeriad, sef ei ffydd a'i lawnder o'r Ysbryd. Trwy ei ffydd, a gawsai yn helaeth gan yr Ysbryd, fe fu'n gwneud llawer mwy na gwasanaethu'r byrddau, er ei fod yn amlwg yn hapus iawn i wneud hynny. Ond dywedir wrthym ei fod hefyd yn gwneud **"rhyfeddodau ac arwyddion mawr ymhlith y bobl"**. Yr oedd felly'n siarad am deyrnas Dduw ac am y Crist byw, ond yr oedd hefyd yn dangos nerth Crist trwy'r arwyddion a'r rhyfeddodau. Nid yn unig yr oedd pobl yn clywed, ond yr oeddent hefyd yn gweld. Yr oedd yn gwneud y gwaith hwn yn gryf ac yn rasol. Fe ddywedodd un **genhades Gristnogol, ** *"Mae angen calonnau meddal a thraed caled ar Gristnogion."* Dyna oedd yn wir am Steffan. Yr oedd yn llawn o gariad Crist, ond hefyd yn benderfynol o wneud ei waith ac o dystio'n ffyddlon trwy bob anhawster. O na fyddem yn debycach iddo.

Gwawdio'r gwas

Mae gweddill y paragraff yn disgrifio'r gwrthwynebiad a brofodd Steffan gan grwpiau Iddewig. Mae'r tebygrwydd arbennig rhwng ei hanes ef a hanes y Gwaredwr yn rhy amlwg i'w anwybyddu. *Er fod dioddefaint yr Arglwydd yn unigryw fel gwaith iawnol, yr oedd yn batrwm i ni o ran dioddefaint yn ei enw.*

Yn ninas Jerwsalem yr oedd ardaloedd lle'r oedd grwpiau o Iddewon o wahanol wledydd yn byw. Rhai o blith y rhain oedd yn dadlau â Steffan. Yr oedd y Libertiniaid yn ddisgynyddion i'r Iddewon oedd wedi bod unwaith yn gaethion ond oedd bellach wedi ennill rhyddid oddi wrth Rufain. Ond doedden nhw ddim yn gallu cystadlu â doethineb a nerth Steffan. Mae hyn yn ein hatgoffa o'r Arglwydd Iesu oedd yn ateb ac yn tawelu'r grwpiau Iddewig yn ei ddydd, e.e. y Sadwceaid **"oherwydd ni feiddient mwyach ei holi am ddim"**. (Luc 20:40).

Ond y mae hefyd yn ein hatgoffa o addewid Crist i'w ddisgyblion yn Luc 21:15: **"fe roddaf i chwi huodledd a doethineb na all eich holl wrthwynebwyr ei wrthsefyll na'i wrth-ddweud."**

Felly dyma'r dynion gwrthwynebus yn llogi gau-dystion i dystio yn erbyn Steffan. (cf. Marc 14:56)

Yna fe aethant ati i gynhyrfu'r bobl a'i gyhuddo o ymosod ar Gyfraith Moses a'r deml. (cf. Marc 14:58) Yna ar ôl gwrando ar y 'tystion' hyn, rhoesant Steffan i farwolaeth.

STEFFAN Y MERTHYR (ACTAU 7:54-60)

Hoffwn edrych ar ferthyrdod Steffan a'i arwyddocâd i Steffan ei hun, i'r Iddewon ac i'r eglwys fore.

Coroniad

Ystyr yr enw Steffan yw coron, sef coron y gêmau Groegaidd, y garland y byddai'r buddugwr yn ei gael. Byddai hefyd yn arwydd o anrhydedd am wasanaeth arbennig, fel milwr efallai. Bryd arall byddai'n arwydd o hapusrwydd mewn priodas neu mewn gŵyl arbennig.

Mae'r darluniau hyn yn addas wrth i ni ddarllen hanes llabyddio Steffan. Cafodd weld gogoniant Duw a Iesu yn sefyll ar ddeheulaw Duw. Mae Steffan yn ei enwi fel Mab y Dyn sydd yn deitl Meseianaidd ac yn dystiolaeth glir arall i'r Crist byw gogoneddus.

Mae'n ddiddorol fod yr Arglwydd Iesu yn sefyll, gan ein bod yn darllen amdano yn Salm 110:1 yn eistedd ar ddeheulaw Duw. Mae fel petai Iesu yn sefyll i groesawu a chymeradwyo Steffan, yr un sydd wedi rhedeg yr yrfa'n gryf tan y diwedd.

Mae fel dydd gŵyl yn y nefoedd am fod y merthyr cyntaf ar ei ffordd adref, ac fel dydd priodas am fod un o'r saint yn cael mynd at ei Arglwydd i'w weld megis ag y mae.

'Stephanos' yw'r gair sy'n cael ei ddefnyddio hefyd am y goron ddrain. Ac mae'n amlwg fod Steffan wedi profi cymdeithas dioddefiadau Crist wrth iddo ddioddef yn ei enw. Fe'i coronwyd hefyd â nerth Crist wrth iddo ddweud, fel y dywedodd yr Arglwydd, **"Arglwydd, paid â dal y pechod hwn yn eu herbyn"**.

Condemniad

I'r Iddewon yr oedd llabyddio Steffan yn gondemniad arnynt am eu bod yn mynnu gwrthwynebu Duw. Dyma'r trydydd gwrthwynebiad mawr ganddynt.

Yr oeddent wedi ***caniatáu*** i Ioan Fedyddiwr gael ei ladd; roeddent wedi ***gofyn am*** i Iesu gael ei ladd, a nawr roeddent ***wedi lladd*** Steffan eu hunain.

Wrth ganiatáu i Herod ladd Ioan, roedd yr Iddewon wedi ***pechu yn erbyn Duw y Tad*** oedd wedi anfon Ioan. (Mathew 21:32)

Wrth ofyn i Peilat groeshoelio Iesu roeddent yn ***pechu yn erbyn Duw y Mab***. (Mathew 21:37-39)

Wrth labyddio Steffan, ***pechodd Israel yn erbyn Duw yr Ysbryd Glân.*** Fe ddaeth barn Duw ar y genhedlaeth yna o'r diwedd yn 70 O.C. pan ddinistriodd Titus a'r byddinoedd Rhufeinig Jerwsalem a'r deml.

Cychwyniad Newydd

Er fod colli Steffan yn golled o safbwynt dynol i'r eglwys, yr oedd hefyd yn arwyddo cychwyniad newydd yn ei hanes. Yr oeddent wedi canolbwyntio eu cenhadaeth yn llwyr ar yr Iddewon hyd yn hyn, ond nawr fe fyddai'r erledigaeth ddwys yn eu gyrru allan o Jerwsalem at y Samariaid (Actau 8) a hyd yn oed at y Cenhedloedd. (Actau 11:19-26).

Dydy Duw ddim yn galw pawb ohonom i fod yn ferthyron, ond y mae'n ein galw i fod yn **"ebyrth byw"**. Ac os byddwn yn byw iddo Ef byddwn barod i farw gydag Ef. Mae hyn yn golygu marw i'n hunain ac i bechod, ac efallai marw fel Cristion.

Ym 1956 cafodd Jim Elliot a phedwar o'i gydweithwyr eu lladd gan y rhai yr oeddent yn ceisio eu cyrraedd ag Efengyl Crist, sef yr Aucas. Ond yn fuan ar ôl hynny tyfodd eglwys i Iesu Grist yno sydd yn profi, fel hanes Steffan, mai ***gwaed y merthyron yw had yr eglwys***.

"Bydd ffyddlon hyd angau, a rhof iti goron y bywyd." (Dat.2:10)

Trafodwch

1. ** Trafodwch y dyfyniad hwn.

2. Trafodwch 'goron y bywyd' sydd gan Crist ar ein cyfer.

3. Ydyn ni'n meddwl gormod am wobrwyon yn y byd hwn yn hytrach nag yn nhragwyddoldeb?

Gwers 27 — PEDR A CORNELIUS (Actau 10:1-33)

Mae rhywun wedi dweud y gallem alw 'Actau'r Apostolion' yn 'Actau'r Ysbryd Glân trwy'r Apostolion'. Dyna'n sicr sydd i'w weld yn hanes Pedr a Cornelius. Roedd y naill yn Iddew a'r llall yn Genedl-ddyn. Roedd y naill yn byw yng Nghesarea a'r llall yn Joppa ar y pryd (tri deg milltir i ffwrdd). Ond daeth Duw â'r ddau hyn at ei gilydd er mwyn taflu rhwyd yr Efengyl a'r Deyrnas i fôr y Cenhedloedd. Dyma'r trydydd tro i Pedr ddefnyddio allweddau'r Deyrnas:

Y ***tro cyntaf*** oedd Dydd y Pentecost pan agorodd ddrws y Deyrnas i Iddewon.

Yr ***ail dro*** oedd Samaria pan aeth i lawr gyda Ioan, ar ôl gwaith cychwynnol Philip, i helpu'r Samariaid i dderbyn yr Ysbryd Glân a llawnder yr Efengyl, ac agor y drws iddynt hwythau.

Dyma'r ***trydydd tro*** yng Nghesarea, wrth i ddrws y Deyrnas gael ei agor led y pen er mwyn i gredinwyr o bob llwyth a gwlad ac iaith gael dod i mewn.

Edrychwn ar weledigaeth Cornelius; Gweledigaeth Pedr, Cyfarfyddiad y Ddau.

GWELEDIGAETH CORNELIUS

Roedd Cornelius y canwriad Rhufeinig yn byw ym mhrif-ddinas Rhufeinig Jwdea, sef Cesarea. Roedd wedi blino ar grefyddau eraill ac wedi troi at Iddewiaeth. Yr oedd mor agos at Iddewiaeth ag y gallai fod heb fod yn broselyt.

Mae hyn yn ein hatgoffa o'r canwriad a anfonodd weision i ofyn i Iesu iacháu ei fab. Yr oedd hwnnw'n garedig iawn at yr Iddewon ac wedi adeiladu Synagog iddynt. (Luc 7:1-10)

Mae'n amlwg fod Cornelius yn ddidwyll yn ei ymgysegriad crefyddol. Byddai'n ymprydio ac yn hael i'r Iddewon gyda'i elusennau. Gan nad oedd hawl ganddo i gyflwyno aberthau yn y deml, byddai'n cyflwyno ei weddïau i Dduw fel aberthau.

Ac eto nid oedd mewn perthynas iawn gyda Duw. Doedd

dim edifarhau ynddo am ei bechodau na ffydd ganddo yn yr Arglwydd Iesu Grist. Ond mae'r Arglwydd yn ymateb i'w galon sychedig. Ac yn wir yr oedd Cornelius yn barod i wrando ar Dduw. Doedd e ddim yn meddwl bod ei grefydd yn ddigon. Pan ddywedwyd wrtho sut i gael ei achub, a sut gallai ei deulu gael ei achub hefyd, dilynodd gyfarwyddyd yr angel. (Actau 11:13-14)

Gwaetha'r modd, mae rhai pobl grefyddol heddiw'n tybio bod eu crefydd a'u gweithredoedd da'n ddigon ynddyn nhw eu hunain i blesio Duw. Dydyn nhw ddim yn licio clywed am achubiaeth nac am edifeirwch a dileu pechod.

Ond mae'r weledigaeth yn dangos trugaredd Duw a'i awydd i oleuo'r Cenhedloedd. Mae'n anfon angel i roi neges werthfawr i Gornelius. Ond er mor werthfawr oedd neges yr angel, rhaid i ni gofio mai dynion (Cristnogion) sydd yn cael y fraint o gyflwyno Neges y Bywyd i'r colledig.

Diolch i'r Arglwydd fod hanes Cornelius yn hanes i lawer ohonom yng Nghymru. Wedi ein magu yn y capel a'r Ysgol Sul, ond trwy drugaredd yr Arglwydd wedi clywed am ffordd achubiaeth o'n pechod er mwyn dod yn iawn gyda Duw trwy ein Harglwydd Iesu Grist.

GWELEDIGAETH PEDR

Roedd Pedr wedi byw fel Iddew uniongred ar hyd ei fywyd. Roedd Cyfraith Moses fel **"canolfur o wahaniaeth"** rhwng yr Iddew a'r Cenedl-ddyn. Ond roedd yr Arglwydd yn mynd i ddatguddio'i ddirgelwch yn glir nawr, sef bod iachawdwriaeth i'r holl fyd. Roedd croes yr Arglwydd Iesu wedi dymchwel y canolfur, ac wedi agor y drws i bob math o bechadur, boed Iddew neu Genedl-ddyn, i deyrnas Dduw. Nid dieithriaid ac estroniaid i gyfamod ac addewidion Duw fyddai'r Cenhedloedd bellach, felly, ond brodyr a chwiorydd yng Nghrist. Ond roedd angen egluro hyn i Pedr a'r apostolion eraill.

Felly, defnyddiodd Duw weledigaeth yn cynnwys bwyd. Pam? Efallai am fod chwant bwyd ar Pedr ar y pryd. Os oedd bwyd ar ei feddwl byddai'n llawer haws dal ei feddwl trwy ddefnyddio bwyd i egluro'r pwynt iddo.

Mae neges fach bwysig i bregethwyr ac arweinwyr cynulleidfa yn y fan yma: Os oes rhywbeth yn digwydd yn ystod oedfa, a'r pregethwr yn ceisio mynd ymlaen fel petai dim byd wedi digwydd, mae'n ofer. Mae meddyliau'r bobl ar y digwyddiad. Llawer gwell i'r pregethwr yw defnyddio'r digwyddiad i wneud pwynt, neu o leiaf i dynnu sylw ato er mwyn i feddyliau pawb ddod 'nôl at y neges.

Hefyd yr oedd bwyd *'glân ac aflan'* yn broblem fawr rhwng Iddewon a Chenedl-ddynion bryd hynny. Mae'r ddysgeidiaeth yn tarddu o Lefiticus 11 sydd yn rhestri pa anifeiliaid oedd i'w cyfrif yn lân a pha rai oedd i'w cyfrif yn aflan. Yr oedd hyn yn rhan o'r Gyfraith Seremonïol oedd yn ceisio dangos na all neb ddod at yr Arglwydd heb fod yn lân. Symboliaeth oedd hyn i gyd er mwyn cyfeirio dynion at y Meseia, a fyddai yn eu glanhau a'u galluogi i ddod yn lân gerbron y Duw sanctaidd a glân.

Cafodd Pedr y weledigaeth deirgwaith, ac yna'r neges gan yr Ysbryd i fynd gyda'r gweision oedd wrth y drws i Joppa, oherwydd fod y cyfan yn rhan o gynllun Duw, ac nad oedd dim byd i'w ofni.

Mae rhywun wedi dweud nad yw'r geiriau *'Na'* ac *'Arglwydd'* yn perthyn i'w gilydd. Os yw Iesu yn Arglwydd arnom, rhaid i ni ddweud *'Ie'*.

Mae'n amlwg fod Pedr wedi derbyn neges y weledigaeth, er ei bod yn chwyldroadol iddo, fel y mae hanes y bennod yn chwyldroadol i Lyfr yr Actau. Mae'n ufuddhau i'r weledigaeth ac i arweiniad yr Ysbryd.

CYFARFYDDIAD Y DDAU

Byddai'r ddwy weledigaeth wedi bod yn ofer oni bai fod y ddau ddyn yma wedi cyfarfod â'i gilydd. Ond oherwydd eu hufudd-dod i'r gweledigaethau a'r negeseuau mae'r ddau'n gwneud trefniadau a symudiadau er mwyn cyfarfod.

Roedd Pedr yn gorfod teithio tri deg milltir, sef taith dau ddiwrnod.

Roedd Cornelius wedi anfon gweision i Joppa ac wedi casglu ei holl deulu ato, yn barod i wrando ar Pedr.

Mae 'na neges fach bwysig i ni yn y cyswllt yma hefyd, sef

bod angen ufudd-dod a gwaith ymarferol er mwyn derbyn bendithion Duw er nad yw'r bendithion yn dibynnu ar y gwaith yna. Hynny yw, mae Duw yn ein bendithio trwy ein hufudd-dod a'n gwaith. Peth peryglus iawn yw eistedd 'nôl a gwneud dim gan ddisgwyl rhyw fendith i syrthio o'r nef. Peth ofer hefyd yw credu y bydd bendith a llwyddiant ysbrydol yn siŵr o ddod dim ond i ni wneud ein gwaith yn dda ac yn raenus. Rhaid i ni fod yn ufudd. Rhaid i ni wneud ein gwaith i eithaf ein gallu, ond rhaid i ni hefyd weddïo ar Dduw am arweiniad a nerth ysbrydol ym mhob dim.

Felly, yr oedd popeth yn barod. Yr oedd yn sefyllfa ardderchog. Cyn hir byddai Pedr a Cornelius yn hynod o ddiolchgar i'r Arglwydd am y gweledigaethau, ac yn hynod o falch eu bod wedi ufuddhau iddynt. **"Yn awr, ynteu, yr ydym ni bawb yma gerbron Duw i glywed popeth a orchmynnwyd i ti gan yr Arglwydd."** (ad.33)

Trafodwch

1. "Mae'r Efengyl yn bwysicach na phob traddodiad dynol."

2. Pa mor bwysig i chi yw arweiniad mewnol yr Ysbryd Glân?

3. Ydy Duw wedi dysgu rhywbeth newydd i chi yn ddiweddar?

Gwers 28 ARAITH PEDR YN NHŶ CORNELIUS (Actau 10:34-48)

Fe welsom y tro diwethaf fod popeth wedi ei wneud yn barod er mwyn i Pedr allu cyhoeddi'r Efengyl i Cornelius a'i holl deulu. Mae Pedr yn gwneud hynny, ac mae'r gynulleidfa'n derbyn y neges yn frwd iawn, ac ar ben hynny mae'r Arglwydd Iesu yn rhoi sêl bendith y nef ar y cyfan trwy dywallt yr Ysbryd Glân ar y credinwyr newydd. Mae'n dangos pa mor bwysig yw ceisio Duw, a chymryd mantais ar bob cyfle, gan nad ydym byth yn gwybod faint o fendith sydd gan yr Arglwydd mewn stôr ar ein cyfer.

Cyfle cyfartal; Cyflwyno Crist; Cawodydd bendith.

CYFLE CYFARTAL

Wrth i Pedr ddechrau siarad mae'n cyfaddef ei fod wedi dod i ddeall gwirionedd newydd, sef bod Duw yn rhoi cyfle cyfartal i bob cenedl glywed yr Efengyl ac i ddod i'w adnabod trwy Iesu Grist. Mae llawer o sôn heddiw am gyfle cyfartal. Cyfle cyfartal mewn swyddi i wragedd a dynion. Cyfle cyfartal i bawb sydd am ymgeisio am swydd. Cyfle cyfartal i bawb beth bynnag fo'u cefndir ethnig a'u cred. Ond tybed nad ni Gristnogion yw'r gwaethaf am beidio â rhoi cyfle cyfartal i'n cyd-Gymry i glywed yr Efengyl!

Ydy e'n ormod i ddweud bod mwyafrif poblogaeth Cymru, sef y di-gapel, dim ond wedi clywed yr Efengyl lond dwrn o weithiau (gobeithio), tra bod y lleiafrif, sef y capelwyr cyson, wedi ei chlywed gannoedd os nad miloedd o weithiau?

Os oedd Pedr wedi deall fod Duw yn derbyn pobl o unrhyw genedl a chefndir fyddai'n credu'r Efengyl, **"yn ei ofni ac yn gweithredu cyfiawnder"** (ad.35), onid oes angen i ni ddeall y bydd yr Arglwydd hefyd yn derbyn unrhyw un o unrhyw gefndir yng Nghymru sydd yn dod at Iesu Grist?

Tybed faint o bobl fel Cornelius sydd yn ein hardal ni, sydd ag angen i ryw Pedr fel ninnau fynd atynt a chyflwyno'r efengyl iddynt, oherwydd trwy ei bobl mae Duw yn gweithio.

Mae'n sobor o drist fod cynifer o bobl yn ein cymunedau

sydd yn teimlo nad ydynt yn ddigon da i fynd i'r capel ac na fydden nhw'n cael croeso petaen nhw'n mynd. Yn wir mae sawl un wedi digio gyda rhyw gapel neu'i gilydd oherwydd y diffyg croeso a gawsent wrth fynd yno.

O, am i ni gael ein llanw â chariad Crist **"yr hwn a'm carodd i ac a'i rhoes ei hun i farw trosof fi"**. (Gal.2:20)

Pa obaith fyddai i ni petai Iesu Grist wedi'n trin ni yn y ffordd yr ydym ni yn trin ein cyd-Gymry? *'O mae llawer yn hwliganiaid na wyddont sut mae ymddwyn yn iawn!'* medd rhywun parchus. Ond yr ydym ni i gyd yn hwliganiaid sydd wedi darnio gorchmynion Duw, fel pechaduriaid. A phe bai'r Arglwydd Iesu wedi disgwyl i ni wella cyn marw trosom, ni fyddai byth wedi mynd i'r groes!!

CYFLWYNO CRIST

Yna mae Pedr yn mynd yn ei flaen i sôn am weinidogaeth yr Arglwydd Iesu. Mae'n eu hatgoffa am Iesu o Nasareth yr oedden nhw'n gwybod rywfaint amdano eisoes. Mae'n sôn am ei waith nerthol a da oedd yn brawf ei fod yn Fab Duw. Mae'n sôn am ei farwolaeth dan law yr Iddewon a'i atgyfodiad gan Dduw y Tad, a'i ymddangosiad i'r credinwyr er mwyn iddynt dystio iddo. Ac mae Pedr ei hun yn llefaru fel llygad-dyst o'r cwbl. Mae'n un o'r rhai a gafodd eu hanfon ganddo i bregethu'r Newyddion Da, ac i ddweud bod pob awdurdod yn y nef a'r ddaear gan Iesu Grist, ac mai Ef yw barnwr y byw a'r meirw.

Mae'r ffeithiau hanesyddol yn bwysig. Yr ydym ni'n byw mewn hanes, ac mae angen Gwaredwr arnom sydd yn rhan o'n hanes. Os na ddaeth Crist yn ddyn hanesyddol, os nad yw tystiolaeth yr apostolion yn wir, ni all fod yn Waredwr i ddynion.

Ond am fod Pedr wedi bod gyda Iesu yr oedd ei dystiolaeth yn effeithiol. Fe fyddai'r teulu wedi clywed amdano, ond yr oedd Pedr yn gosod sail gadarn iddyn nhw ymddiried yn llwyr ynddo ac ildio'u bywydau iddo. Ac yna mae Pedr, dan awdurdod Crist, yn cyflwyno addewid yr Efengyl i'r gynulleidfa ddisgwylgar, **"y bydd pawb sy'n credu ynddo ef yn derbyn maddeuant pechodau trwy ei enw"**. Gallwn ddychmygu calonnau Cornelius a'i deulu'n llamu wrth glywed y gair **'pawb'**. Yr un Creawdwr sydd gan bawb ohonom, yr un broblem sydd yn gwahanu pawb ohonom oddi wrtho, a'r un Gwaredwr sydd i ni oll hefyd, sef yr Arglwydd bendigedig, Iesu Grist.

CAWODYDD BENDITH

Yna fe ddarllenwn fod yr Arglwydd wedi tywallt yr Ysbryd Glân ar y gynulleidfa mewn ffordd debyg iawn i Ddydd y Pentecost. Clywsant y Cenedl-ddynion hyn **"yn llefaru â thafodau ac yn mawrygu Duw"**.

Nid yn unig yr oedden nhw'n cael yr un addewid o faddeuant trwy'r un Gwaredwr, ond yr oedd yr un addewid o fedydd yr Ysbryd Glân iddynt hwythau hefyd.

Yr oedd yr Arglwydd yn dangos i Pedr a'r Iddewon eraill oedd wedi dod gydag ef, fod y Cristnogion Cenhedlig newydd yn blant Duw ac yn gyd-etifeddion llawn o bob bendith ysbrydol yn y nef trwy Iesu Grist, fel y Cristnogion Iddewig.

Fe gymerodd hyn amser i dreiddio'n iawn i feddyliau'r Cristnogion Iddewig i gyd. Mae'r apostol Paul yn aml yn gorfod trin y broblem o Gristnogion Iddewig yn trin eu brodyr Cenhedlig fel brodyr eilradd.

Wrth ysgrifennu at y Galatiaid mae'n gorfod rhybuddio'r Cristnogion yno nad oes angen enwaediad Iddewig ar y Cenedl-ddynion er mwyn eu gwneud yn Gristnogion cyflawn. Byddai hynny'n awgrymu bod yr Iddewon yn Gristnogion uwch eu gradd trwy'r enwaediad. Ond byddai hynny'n tynnu oddi wrth gyfiawnder Iesu Grist, sef yr unig gymhwyster i dderbyniad llawn gan Dduw.

"Nid oes rhagor rhwng Iddew a Groegwr, rhwng caeth a rhydd, rhwng gwryw a benyw, oherwydd un person ydych chwi oll yng Nghrist Iesu." (Gal.3:28)

Mae'n cadarnhau yr Effesiaid hefyd nad yw'r Cristnogion Cenhedlig yn ddinasyddion eilradd yn Nheyrnas Dduw: **"Felly, nid estroniaid a dieithriaid ydych mwyach, ond cyd-ddinasyddion â'r saint ac aelodau o deulu Duw."** (Eff.2:19)

Ac mae'r un peth yn wir i ni heddiw. Mae Cristion sydd wedi byw bywyd gwyllt ac ofer ac wedi dod at Grist yn hwyrach, yn gyd-aelod o deulu Duw gyda'r Cristion sydd wedi bod yn grefyddol ac yn barchus erioed ond wedi dod i weld ei bechod a derbyn y Gwaredwr mewn amgylchiadau gwahanol i'r llall.

Diolch i'r Arglwydd am ddoethineb ei ras, ac am seilio ein hiachawdwriaeth yn gyfan gwbl ar edifeirwch a ffydd yn yr Arglwydd Iesu Grist, ac iddo Ef yn unig y byddo'r gogoniant.

Trafodwch

1. Ydyn ni'n trin eraill fel mae Crist wedi'n trin ni?

2. Ydyn ni'n swil o Iesu Grist?

3. Oes peryg i beidio ag anghofio gorffennol ofer rhai Cristnogion?

EBRILL — EFENGYL I'W CHYHOEDDI

Gwers 29 — GALWAD I BREGETHU

(Actau 26:1-18)

Yr ydym gyda'r Apostol Paul yng Nghesarea yn yr adran hon. Y mae'n garcharor sy'n cael ei warchod gan Ffestus y rhaglaw, olynydd Felix. Mae'r brenin Agripa yn ymweld â Ffestus ac mae hwnnw'n dangos diddordeb mewn clywed achos Paul. Mae'r Iddewon wedi dwyn cyhuddiad yn ei erbyn ac yn disgwyl i'r Rhufeinwyr ei ladd. Ond doedd Ffestus ddim yn gweld unrhyw reswm dros hynny ar ôl gwrando arno. Roedd Ffestus yn falch o gael barn Agripa cyn iddo anfon Paul i Rufain at Gesar. Felly mae Paul yn esbonio i Agripa beth yw'r cyhuddiad yn ei erbyn, ac mae'n ei amddiffyn ei hun yn y darn yma.

Cyfarchiad Paul; cefndir Paul; crwsâd Paul; comisiwn Paul.

CYFARCHIAD PAUL

Mae Paul yn cyfarch Agripa yn gynnes iawn. Mae'n teimlo'n hapus mai ef sydd yn gwrando arno am ei fod yn gyfarwydd ag Iddewiaeth fel proselyt. Yr oedd yn gwybod yr ysgrythurau ac yn gwybod am arferion a dadleuon yr Iddewon. Roedd Paul yn siŵr y byddai'r brenin yn gwrando ar ei bwyntiau o safbwynt un oedd yn deall y cefndir yn iawn. Yr unig beth mae Paul yn gofyn amdano yw i'r gwrandawr breiniol fod yn amyneddgar - am ei fod yn bwriadu siarad yn weddol hir a manwl mae'n siŵr. Mae Paul yn cael rhyddid i siarad ac mae'n cael chwarae teg.

CEFNDIR PAUL

Y mae Paul yn mynd yn ei flaen i adrodd ei hanes. Yr oedd wedi ei eni a'i fagu'n Iddew. Ac nid fel Iddew mewn enw, nid Iddew arwynebol, ond Iddew go iawn. Mae ei gefndir yn wybyddus i bob Iddew oedd gwerth ei halen, oherwydd yr oedd Paul wedi mynd yn ei flaen i fod yn Iddew blaengar a dysgedig a disgybledig. Mae'n manylu mwy ar ei gefndir cynnar wrth ysgrifennu at y Philipiaid: **"wedi enwaedu arnaf yr wythfed dydd, o hil Israel, o lwyth**

Benjamin, yn Hebrëwr o dras Hebrewyr;" (Phil.3:5) Ac wrth ei amddiffyn ei hun yn Jerwsalem dywedodd: **"Cefais fy addysg wrth draed Gamaliel yn ôl llythyren Cyfraith ein tadau."** (Actau 22:3) Yr oedd hefyd yn Pharisead, y sect fwyaf caeth oddi mewn i Iddewiaeth a roddai bwyslais mawr ar Gyfraith Moses. Yr oeddent yn esbonio'r Gyfraith yn fanwl nes bod cannoedd o reolau ganddynt ynglŷn â phob rhan o fywyd. Yr oeddent yn ymroddgar iawn ac yn grefyddol iawn ac yn pwysleisio buchedd ufudd. Yr oeddent yn rhoi pwys manwl ar ddegymu ac ymprydio fel dyletswyddau crefyddol, rhai nad yw Iesu yn eu condemnio, ond bod modd i rai gadw defodau'n arwynebol heb geisio Duw yn eu calonnau. Ond does dim lle i gredu mai rhagrithiwr oedd Paul; i'r gwrthwyneb, yr oedd yn cymryd popeth yn hollol o ddifrif.

CRWSÂD PAUL

Yn ei sêl dros y Gyfraith ac undod Duw, yr oedd Paul yn erlid Cristnogion. Nid oedd yn credu mai Iesu oedd y Meseia, ac nid oedd yn credu ym Mab Duw. Twyllwr felly oedd Iesu, ac yr oedd rhaid rhoi stop ar ei ddilynwyr. Mae'n amlwg fod Cristion i Paul fel baner goch i darw gwyllt. Ac mae pobl Dduw wedi denu erledigaeth erioed, fel y profodd yr Arglwydd Iesu ei hunan. Mae hyn yn ein hatgoffa o agwedd Nebuchadnesar tuag at Daniel a'i dri ffrind, yn arbennig wrth fwriadu eu lladd yn y ffwrnes. Ac mae Cristnogion heddiw'n wynebu ymosodiadau ffyrnig gan grefyddwyr fel Paul. Efallai mai'r Mwslemiaid eithafol sydd waethaf ar hyn o bryd. Yr oedd Paul yn bygwth Cristnogion â chosb os nad oeddent yn gwadu Crist. Yr oedd yn eu llusgo i garchar. Ac nid yn unig yn Jerwsalem yr oedd yn gwneud hyn, yr oedd yn fodlon teithio i ddinasoedd eraill. Aeth ei grwsâd ag ef i Ddamascus ac ar y daith honno y newidiwyd bywyd Paul yn gyfan gwbl.

COMISIWN PAUL

Rwy'n siŵr mai Saul o Darsus oedd y person olaf y byddai'r eglwys yn disgwyl i ddod yn Gristion. Byddai clywed ei enw yn gyrru ias i lawr eu cefnau. Ond yr oedd gan yr Arglwydd Iesu syniadau gwahanol. Ar y ffordd i Ddamascus fe ymddangosodd yr Arglwydd i Paul trwy oleuni llachar a thrwy siarad ag ef. Roedd y llais yn cyfarch Paul yn bersonol. Yr oedd yr Arglwydd Iesu yn dangos ei fod yn fyw, ei fod mewn gogoniant nefol. Yr oedd yn dangos hefyd fod Saul yn ei erlid Ef wrth erlid ei bobl. Rwy'n siŵr fod y gwirionedd yna'n gysur mawr i unrhyw un sy'n profi erledigaeth. Ond yr oedd Paul wedi ei lorio. Yr oedd wedi cyfarfod y person yr oedd ef yn siŵr oedd wedi marw. A byddai neb wedi synnu petai'r Arglwydd wedi ei ysu â thân o'r nef yn y fan a'r lle. Ond nid dyna sy'n digwydd. Dywed yr Arglwydd hefyd wrtho ei fod yn gwingo yn erbyn y symbylau. Prennau tenau a miniog oedd y symbylau y byddai ffermwr yn eu defnyddio i brocio pen ôl yr ychain wrth iddyn nhw weithio. Pwrpas y swmbwl oedd gyrru'r anifail ymlaen. Petai'r anifail yn tynnu'n ôl at y swmbwl byddai'r blaen miniog yn ei bigo ac yn rhoi dolur iddo. Dyma ddarlun yr Arglwydd Iesu o Paul, ei fod yn dolurio ei enaid ei hun wrth dynnu'n groes i Dduw. Yna daw'r geiriau anhygoel gan yr Arglwydd Iesu wrth iddo ddweud wrth Paul am godi, oherwydd ei fod yn ei benodi fel gweithiwr y nef, ac fel tyst i Grist. Felly yr oedd gan Dduw gynllun i Paul ar hyd yr amser, ond yn ei anwybodaeth a'i anghrediniaeth yr oedd yn mynd i'r cyfeiriad hollol anghywir, nes i'r Arglwydd Iesu ei hun ymddangos iddo a dweud hyn wrtho.

Yr oedd gan yr Arglwydd gynllun ar gyfer y Cenhedloedd hefyd: yr oedd yn mynd i'w tynnu allan o'r tywyllwch. Yr oedd yn mynd i'w harwain at faddeuant pechodau. Yr oedd yn mynd i ddangos iddynt bod Duw yn eu galw i fod yn aelodau llawn a chyflawn o'i deyrnas a'i deulu trwy ymddiried yn yr Arglwydd Iesu Grist.

Gadewch i ni gymryd esiampl Paul yng Nghesarea a gwneud yn fawr o bob cyfle i ddweud beth mae'r Arglwydd Iesu wedi ei wneud yn ein bywydau ni. Diolch bod gennym y fraint hefyd o bwyntio pobl at y goleuni sydd ynddo Fe.

Trafodwch

1. Ydyn ni'n rhy swil i ddefnyddio'r llywodraeth i gefnogi'r Ffydd?

2. “Yr Efengylu mwyaf effeithiol yw dweud ein stori.”

3. A ddylem anghofio ein gorffennol, cyn i ni gredu?

Gwers 30 APELIO AR BOBL I GREDU (Actau 26:19-32)

Yr ydym ni'n dal gyda Paul yng Nghesarea gerbron Ffestus y Rhaglaw a'r Brenin Agripa a'r frenhines Bernice. Y mae Paul wedi adrodd ei gefndir a'i gyfarfyddiad â Christ ar y ffordd i Ddamascus. Y mae wedi ailadrodd conscripsiwn Crist i fod yn dyst iddo gerbron y Cenhedloedd gydag addewid o ddiogelwch. Nawr mae'n dangos ei fod wedi ufuddhau i'w weledigaeth a'i fod wedi cael ei ddal gan yr Iddewon am y rheswm hwn. Yna cawn ymateb Ffestus ac apêl hyfryd gan Paul iddyn nhw ddod i gredu yng Nghrist.

Ymateb Paul i Grist; Ymateb yr Iddewon i Paul; Ymateb Ffestus; Ymateb Paul i Ffestus.

YMATEB PAUL I GRIST

Dydy clywed yr Efengyl ddim yn ddigon i'n gwneud ni'n gredinwyr. Rhaid i ni ymateb mewn ffydd ac ufudd-dod. Mae Paul yn dangos i'w gynulleidfa bwysfawr, ei fod wedi ufuddhau yn llwyr ac yn egnïol i eiriau Crist. Dangosodd yr un tân a'r un sêl dros Grist ag a fu ganddo yn ei erbyn. Nid yw tröedigaeth yn newid ein cymeriad, ond yn ein sancteiddio. Ac fe sancteiddiwyd brwdfrydedd ac egni amrwd Paul gan Ysbryd Crist.

Nid ymateb fel Jona a wnaeth Paul. Cafodd hwnnw neges uniongyrchol gan yr Arglwydd hefyd, i fynd i Ninefe. Ond gwaetha'r modd aeth y proffwyd i gyfeiriad hollol wahanol am nad oedd am i drugaredd Duw gyrraedd yr Assyriaid ffiaidd. Yr hyn a wnaeth Paul oedd cyhoeddi edifeirwch. Dweud wrth bobl fod pechod yn fater i ofidio amdano, yn rhywbeth i'w gyfaddef i Dduw, ac i droi ein hwynebau yn ei erbyn. Enghraifft o hyn oedd ei neges yn Athen: **"Edrychodd Duw heibio, yn wir, i amserau anwybodaeth; ond yn awr mae'n gorchymyn i ddynion fod pawb ym mhob man i edifarhau."** (Actau 17:30) Yr oedd yn perswadio pobl i droi at Dduw trwy Iesu Grist, ond hefyd yr oedd yn eu dysgu sut i fod yn ddisgyblion wedyn. Yr oedd yn eu hannog i ddwyn ffrwythau addas i edifeirwch. Enghraifft o hynny yw Effesiaid 4:25-26:

“Gan hynny, ymaith â chelwydd! Dywedwch y gwir bob un wrth ei gymydog, oherwydd yr ydym yn aelodau o’n gilydd. Byddwch ddig, ond peidiwch â phechu; peidiwch â gadael i’r haul fachlud ar eich digofaint.”

YMATEB YR IDDEWON

Mae Paul yn ceisio dangos mai dim ond ufuddhau i’r weledigaeth ar y ffordd i Ddamascus oedd ei nod mewn bywyd bellach. Ond wrth fod yn ufudd i Grist, cafodd wrthwynebiad gan yr Iddewon, fel yr oedd ef ei hun wedi gwrthwynebu llawer o Gristnogion ufudd cynt. Nid ef oedd y cyntaf na’r olaf i brofi nad yw gwneud daioni gerbron Duw na gwneud daioni i eraill yn sicrhau na chawn ein herlid a’n camddeall. Os digwyddodd hynny i Grist bydd yn digwydd i’w ddilynwyr hefyd. A dywed Paul sut y cafodd ei ddal gan yr Iddewon yn y deml. Roedd ei fywyd mewn perygl hefyd wrth iddynt geisio ei lofruddio. Yr oedd Paul wedi profi tipyn o’r ofn yr oedd ef wedi ei greu i lawer i Gristion yn y gorffennol. Yn wir, yr ydym yn darllen yn yr Actau bod sawl cynnig wedi ei roi ar ei fywyd. Ond ar yr un pryd mae’n tystio i ffyddlondeb yr Arglwydd Iesu a ffyddlondeb Duw. Yr oedd Crist wedi addo (adnod 17) y byddai yn ei waredu o law yr Iddewon a’r Cenhedloedd, ac yr oedd yn ffyddlon i’w addewid. Doedd Crist ddim yn bwriadu i Paul farw fel Steffan ond iddo ddioddef llawer a mynd trwy amryw o brofedigaethau i deyrnas nefoedd. Wrth ysgrifennu at y Philipiaid dywed Paul ei fod yn barod i fynd at Grist a gadael y frwydr ar y ddaear. **“Y mae arnaf awydd ymadael a bod gyda Christ, gan fod hynny’n llawer iawn gwell; ond y mae aros yn fy nghnawd yn fwy angenrheidiol er eich mwyn chwi.”** Mae fel petai Paul yn gorfod derbyn ei fod i gael bywyd gweddol hir o dystio a dioddef ar y ddaear, yn wahanol i’r hyn a gafodd rhai o’r saint eraill. Ond beth bynnag ei alwad, yr oedd yn ufudd i’r carn i’w Arglwydd. Gweddïwn am yr un gras i fod yn ufudd ag a gafodd Paul.

YMATEB FFESTUS

Yng nghanol anerchiad Paul i’w amddiffyn ei hun, mae Ffestus yn gweiddi fod Paul yn colli arni. Fe sylwn fod hyn yn dod ar ôl i Paul ddweud mai ei waith oedd tystio i bob math o bobl i'r ffaith fod Iesu yn cyflawni holl eiriau Moses, yn arbennig yn ei ddioddefaint a'i atgyfodiad. Nid dyma'r tro cyntaf i rywun wawdio wrth glywed am yr atgyfodiad oddi wrth y meirw. Dyna a wnaeth rhai yn Athen: **"Pan glywsant am atgyfodiad y meirw, dechreuodd rhai wawdio."** (Actau 17:32) Ac yr ydym yn gyfarwydd â'r broblem yma heddiw hefyd. Yn wir, mae llawer o arweinwyr oddi mewn i'r eglwysi yn gwadu atgyfodiad llythrennol yr Arglwydd Iesu. Ond nid dyma bwyslais y Testament Newydd o gwbl. Fe ddywed Paul wrth y Corinthiaid fod dros bum cant o bobl wedi gweld yr Arglwydd Iesu ar ôl iddo atgyfodi. Yr atgyfodiad yw sylfaen ein maddeuant a'n rhyddhad oddi wrth bechod, a dyma sylfaen ein hachubiaeth ni. A doedd achubiaeth ysbrydol heb effeithio'r corff ddim yn perthyn i syniadaeth y Testament Newydd o gwbl. Nid hanner y gwaith mae Duw yn ei wneud, ond y cwbl, a'i wneud yn berffaith hefyd. Ond mae Ffestus, er yn gweld fod Paul yn alluog, yn methu â derbyn ei ddysgeidiaeth. Mae wedi sôn am ei gefndir, am weledigaethau a datguddiadau a lleisiau ac yna'r atgyfodiad.

YMATEB PAUL I FFESTUS

Er fod Ffestus wedi torri ar draws rhediad Paul, fel petai, mae Paul yn ymateb yn rasol iddo ac yn cloi ei sylwadau gydag apêl arbennig i'w gynulleidfa. Roedd hyn yn rhan o'r cyhoeddi apostolaidd heb ffael. Dywed Paul wrthym ei fod yn **"perswadio"** dynion i edifarhau a chredu yn Iesu Grist. Y mae wedi nodweddu'r pregethu gorau ar hyd hanes yr eglwys hefyd. Ac mae apêl Paul yn *gwrtais, yn gynnes ac yn gariadlon.* Mae'n ateb Ffestus gan ddweud nad yw yn wallgof ond yn siarad y gwir yn gyfrifol. Yna mae'n apelio'n arbennig at y brenin Agripa. Efallai ei fod yn teimlo bod ganddo ryw afael arno oherwydd ei ddiddordeb mewn Iddewiaeth. Mae'n herio'r brenin trwy ofyn cwestiwn rhethregol a'i ateb drosto. Yr oedd Agripa yn gwybod am y proffwydi ac yn credu, am ei fod yn broselyt. Felly mae Paul yn dweud wrtho: *'oni elli di gysylltu'r proffwydi gyda Iesu Grist? Oni elli di weld ei fod yn cyflawni'r cwbl yn berffaith ac mai Ef yw'r Meseia felly?'* Mae'n amlwg fod Agripa wedi cael ei effeithio rywfaint gan Paul. Yna mae Paul yn troi hyn yn ôl ato unwaith eto. Mae'n apelio arno trwy ddweud mai ei ddymuniad ef yw i'r brenin a'r gweddill yn bresennol gael y bywyd oedd ganddo ef yng Nghrist. Yr oedd yn gweddïo hynny. Yr unig beth na fyddai'n dymuno i neb, oedd ei rwymau. Dyna wahaniaeth yn Paul ers y dyddiau cynnar pan oedd yn erlid ac yn carcharu ac yn rhwymo Cristnogion. Mae'r geiriau hyn, a'r cariad tu ôl iddynt yn cadarnhau ac yn cyd-fynd â'r apêl. Nid yn unig mae'n sôn am Grist a'r gwirionedd ond mae'n arddangos ysbryd Crist yn ei siarad. Yr oedd Paul erioed yn ddidwyll. Ond cynt yr oedd yn ddidwyll ac yn erlid. Dyw didwylledd o'r math hwnnw ddim yn perthyn i Grist. Y didwylledd sydd yn marw er mwyn arbed, ond na fydd yn gorfodi rhwymau, dyna'r didwylledd sy'n perthyn i Grist.

Trafodwch

1. Ydy pregethwyr heddiw yn cymhwyso'r Efengyl yn ddigonol?

2. Ydyn ni'n ofni ymateb negyddol wrth Efengylu?

3. Ydyn ni'n gweddïo dros bobl, iddynt ddod at Grist?

Gwers 31 PREGETHU'R GROES (Actau 2:22-36)

Wrth ysgrifennu at y Corinthiaid, mae Paul yn eu hatgoffa o'i bregethu: **"ni ddeuthum fel un yn rhagori mewn huodledd neu ddoethineb...Oherwydd dewisais beidio â gwybod dim yn eich plith ond Iesu Grist, ac yntau wedi ei groeshoelio."** (1 Cor.2:1)

Ac mae'r darn o dan sylw yn cynnwys rhan o bregeth Pedr ar ddydd y Pentecost. Mae'n trafod nifer o faterion eraill yn ogystal â'r groes, ond fe geisiwn ni gyfyngu ein sylwadau i'r testun, a thrafod pregethu'r groes y tro hwn. Does dim amheuaeth mai'r groes yw'r allwedd i'r Efengyl. Mae mwy o sylw yn cael ei roi i'r croeshoelio yn yr Efengylau nag i unrhyw ran arall o hanes Iesu Grist. Y groes yw'r rhan anoddaf o'r Efengyl i'w deall o safbwynt naturiol, ac y mae llawer yn methu â deall pam fod rhaid i Dduw aberthu ei Fab ei hun mewn ffordd mor erchyll. Mae eraill yn gallu gweld y groes fel yr esiampl orau o hunan-aberth, ond nid fel aberth iawnol i dalu dros bechodau'r byd. Mae eraill eto yn methu â deall bod Iesu Grist yn cymryd lle pechaduriaid, yn eu cynrychioli wrth farw drostynt.

Dyma gyfle i ni wrando ar Pedr yn sôn am farwolaeth Iesu Grist, a gweddïwn y bydd hyn yn help i fwrw goleuni ar aberth y groes i ni.

Penodiad; Traddodiad; Croeshoeliad.

PENODIAD

Mater pwysig yn ein bywyd ni heddiw, yw pwy gaiff ei benodi i'r swydd a'r swydd. Mater oedd yn bwysig yn y Testament Newydd oedd, pwy a benododd Iesu o Nasareth. Yr oedd yr arweinwyr Iddewig yn dweud ei fod wedi ei apwyntio'i hunan, ei fod yn dwyllwr, neu weithiau yr oedden nhw'n dweud mai Beelsebwl a'i hapwyntiodd. Yn adnod 22 mae Pedr yn dweud bod Iesu o Nasareth wedi ei benodi, ei apwyntio gan Dduw, h.y., wedi ei apwyntio fel Gwaredwr a Meseia. Yr oedd Iesu Grist wedi dod o'r nef ac yr oedd cynifer o arwyddion yn cadarnhau hynny. Mae Pedr yn sôn am wyrthiau, rhyfeddodau ac arwyddion. Gallwn feddwl am atgyfodiad Lasarus fel enghraifft. Does dim amheuaeth nad oedd hyn yn wyrth. Yr oedd angen gallu goruwchnaturiol i roi bywyd yn ôl i ddyn marw. I bawb oedd yn gweld hyn, yr oedd yn rhyfeddod llwyr. Mae neges bwysig i ni, bobl soffistigedig y Gorllewin datblygedig, yn y gair *'rhyfeddod'*. Mae perygl mawr ein bod ni wedi peidio â rhyfeddu at ddim byd bellach. Oherwydd ein darganfyddiadau mawr a'r dechnoleg anhygoel sydd wrth ein bysedd, yr ydym wedi mynd yn sinicaidd ac yn oeraidd ynglŷn â phethau rhyfedd. Ydy cariad Duw yn ein rhyfeddu? Neu a ydym yn ei gymryd fel mater o ffaith fod Crist wedi ein caru gymaint nes iddo farw drosom. Ond ar yr un pryd yr oedd atgyfodiad Lasarus yn arwydd i ddynion fod Iesu Grist yn Fab Duw. Felly yr oedd gweithredoedd Iesu yn dangos ei fod wedi ei benodi gan Dduw fel Meseia a Gwaredwr.

TRADDODIAD

Yna mae Pedr yn dweud fod Iesu Grist wedi ei draddodi i farwolaeth trwy fwriad a rhagwybodaeth Duw. Mae'n dweud, felly, fod Duw wedi bwriadu i Grist gael ei aberthu, a'i fod yn gwybod hyn ymhell cyn iddo ddigwydd. Mae hyn yn gyson â dysgeidiaeth y Beibl, wrth gwrs.

Mae Paul yn Rhuf. 8:32 yn dweud yr un peth yn union: **"Nid arbedodd Duw ei Fab ei hun, ond ei draddodi i farwolaeth trosom ni oll."** Mae'n amlwg hefyd fod Iesu Grist ei hun yn gwybod beth oedd yn mynd i ddigwydd iddo ymhell o flaen llaw. Ar ôl i Pedr wneud ei ddatganiad amdano yng Nghesarea Philipi fe ddarllenwn am Iesu yn dechrau eu paratoi ynglŷn â'r ffaith y byddai'n cael ei draddodi i farwolaeth ac yna ei atgyfodi. **"O'r amser hwnnw y dechreuodd Iesu ddangos i'w ddisgyblion fod yn rhaid iddo fynd i Jerwsalem, a dioddef llawer gan yr henuriaid a'r prif offeiriaid a'r ysgrifenyddion, a'i ladd, a'r trydydd dydd ei gyfodi."** (Math.16:21) Fel y dywed yr emynydd:

'Ethol meichiau cyn bod dyled
Trefnu meddyg cyn bod clwyf.'

Ac mae proffwydoliaethau'r Hen Destament yn dangos fod Duw wedi cynllunio'r groes yn nhragwyddoldeb. Mae Eseia 53 yn gyfeiriad at ddioddefaint y Gwaredwr. Mae holl system yr aberthau'n gysgod o farwolaeth perffaith Iesu Grist i symud ein pechodau. Mae Hebreaid yn sôn am yr aberthau a'r defodau fel cysgodion o waith gwirioneddol Crist yn dileu pechod. Mae hyn oll yn dangos fod y Duwdod wedi trefnu i'r Mab farw dros ein pechodau o dragwyddoldeb.

I mi mae'n profi cariad Duw tuag atom. Ef wnaeth y cam cyntaf atom ni gan wybod y byddem yn pechu ac yn gwrthryfela yn ei erbyn. Mae ei gynlluniau ynglŷn â'r Meseia yn dangos cynhesrwydd ei gariad wrth iddo fynd ati'n syth i drefnu achubiaeth i ni. Ac mae'r ffaith fod yr Arglwydd Iesu yn dod i'r byd gan wybod am yr aberth, yn dangos fod ei gariad yntau'n anfeidrol hefyd. **"Ond prawf Duw o'r cariad sydd ganddo tuag atom ni yw bod Crist wedi marw drosom pan oeddem yn dal yn bechaduriaid."** (Rhuf.5:8)

Mae hyn yn ddirgelwch, a chyn i neb ddweud bod hyn yn profi nad oedd cyfrifoldeb ar ddynion, mae Pedr yn mynd ymlaen i ddangos bod cyfrifoldeb mawr ar y rhai a wrthododd Iesu hefyd.

CROESHOELIAD

Y cwestiwn y gallai rhywun ei godi nawr yw: *'os oedd Duw wedi trefnu i Grist farw, a oedd dynion yn gyfrifol am ei groeshoelio, felly?'* Mae Pedr fel petai'n rhag-weld y cwestiwn, ac mae'n dweud yn blaen wrth yr Iddewon mai nhw a'i croeshoeliodd ef trwy ddwylo estron, h.y., gyda help y Rhufeiniaid.

Mae Pedr yn anelu dau gyhuddiad at yr Iddewon mewn gwirionedd. Mae'n eu hatgoffa fod rhyfeddodau goruwchnaturiol Iesu Grist wedi eu cyflawni yn eu plith, o flaen eu llygaid, ond serch hynny eu bod wedi ei wrthod, ac wedi cynllwynio i'w ladd. Mae hyn yn ein hatgoffa o eiriau Ioan: **"Daeth i'w gartref ei hun, ac ni dderbyniodd ei bobl ei hun mohono."** (Ioan 1:11)

Felly, mae Pedr yn gwneud i'r Iddewon weld eu pechod. Mae Pedr yn argyhoeddi ei gynulleidfa o bechod ac mae hyn yn bwysig wrth bregethu'r groes. Y mae wedi dangos pwy oedd Iesu, mae wedi dangos fod Duw wedi trefnu'r aberth, ond doedd hynny ddim yn esgusodi'r rhai a'i gwrthododd ac a'i lladdodd. Efallai fod geiriau Iesu wrth ei ddisgyblion ynglŷn â Jwdas yn dangos y cydbwysedd rhwng trefn Duw a chyfrifoldeb dyn: **"Y mae Mab y Dyn yn wir yn ymadael, fel y mae'n ysgrifenedig amdano, ond gwae'r dyn hwnnw y bradychir Mab y Dyn ganddo! Da fuasai i'r dyn hwnnw petai heb ei eni."** (Marc 14:21)

Ac mae'n amlwg fod yr Ysbryd Glân yn gweithio trwy Pedr: **"Pan glywsant hyn, fe'u dwysbigwyd yn eu calon, a dywedasant wrth Pedr a'r apostolion eraill, 'Beth a wnawn ni frodyr?'"** Yna, yr oedd Pedr yn gallu eu harwain i edifeirwch ac i faddeuant a rhyddid o'u pechodau. A dyna bwrpas pregethu pechod. Nid er mwyn cael pleser yn lambastio pobl; nid er mwyn tynnu pobl i lawr a'u gadael yn y gwter; nid er mwyn i bobl fod yn ymboeni mewn euogrwydd am byth. Y pwrpas yw dangos realiti sefyllfa dyn gerbron Duw, ac yna dangos bod gan Dduw Newyddion Da i bechadur sydd yn edifarhau, oherwydd fod Crist wedi ei aberthu dros bechaduriaid, i ddileu eu dyledion. Gadewch i ni weddïo dros ein pregethwyr, a gadewch i ni eu cefnogi wrth iddynt geisio bregethu'r groes.

Trafodwch

1. Beth, yn eich barn chi, sy'n gwneud pregethwr da?

2. Pa nodwedd o gariad Duw sydd yn eich rhyfeddu?

3. Pam mae pregethu am bechod yn brin?

Gwers 32 **PREGETHU'R GWIR DDUW (Actau 17:22-34)**

Yr ydym gyda Phaul yn Athen yn yr adran yma. Y mae'n disgwyl Silas a Timotheus i ymuno ag ef cyn hir. Tra'i fod yn aros amdanynt y mae wedi sylwi ar arferion pobl Athen. Yr hyn oedd yn taro Paul oedd cyflwr ysbrydol y ddinas. Yr oedd y dref yn llawn eilunod ac yr oedd hynny'n poeni Paul yn fawr. Mae'n olygfa sy'n ein hwynebu yn unrhyw un o ddinasoedd Prydain yn ein dyddiau ni. Gallwn weld sawl math o addoldy yn sefyll dros wahanol grefyddau, a nifer o adeiladau eraill yn cynrychioli eilunod gwahanol. Duw pleser a Mamon fyddai'r mwyaf poblogaidd mwy na thebyg. Yr ydym yn byw mewn dyddiau lle mae llawer yn credu bod cael nifer o grefyddau ochr yn ochr â'i gilydd yn beth da. Ond roedd sefyllfa Athen yn poeni Paul fel y dylai sefyllfa Cymru heddiw ein gofidio ni Gristnogion. Byddai dau beth yn pwyso ar Paul, sef bod sefyllfa Athen yn gwneud cam â Duw, ac yn tynnu oddi wrth ei ogoniant fel yr unig Dduw byw, a'i fod hefyd yn golygu bod yr Atheniaid ar goll, heb adnabod y gwir Dduw, na'i Fab Iesu Grist. Gadewch i ni wrando ar Paul yn eu cyfeirio at y Gwir a'r Bywiol Dduw.

Cymeradwyo crefydd; cywiro camsyniad; cyfeiriad cymwys.

CYMERADWYO CREFYDD

Yr oedd Paul wedi ei dristáu wrth weld yr holl eilunod i nifer o dduwiau gau yn Athen. Ond dyw e ddim yn dechrau ei anerchiad a'i gyfle i gyflwyno'r Efengyl trwy lambastio'r Atheniaid am eu heilunaddoliaeth. Yn hytrach, mae'n dechrau lle mae'r bobl ac mae'n eu cyrraedd trwy ddweud ei fod wedi sylwi ar eu pethau cysegredig amrywiol. Yr oedd geiriau Paul, felly, yn berthnasol i'r Atheniaid am fod diddordeb mawr iawn ganddynt yn eu crefyddau. Dydy hynny ddim yn golygu, serch hynny, fod Paul yn eu gadael i'w dibenion eu hunain gan resymu eu bod yn ddidwyll beth
** bynnag. ** Mae rhai heddiw'n credu na ddylem ymyrryd â chrefydd neb arall ond eu parchu a gadael llonydd iddynt. Tra bod

angen parchu eraill, ac mae Paul yn gwneud hynny, allwn ni ddim eu gadael heb geisio tystio iddynt, os ydym ni'n cymryd geiriau Crist o ddifrif. Fe ddywedodd ef: **"Myfi yw'r ffordd a'r gwirionedd a'r bywyd. Nid yw neb yn dod at y Tad ond trwof fi."** (Ioan 14:6)

Sut mae delio â phobl o sectau eraill? Ydym ni'n eu hanwybyddu? Ydym ni'n eu gwrthwynebu? Petaem ni'n debyg i Paul ac i'r Arglwydd Iesu fe fyddem yn tristáu. O'm profiad i mae llawer o'r rhain yn bobl ymroddedig a chrefyddol. Gellir cael sgwrs synhwyrol gyda nhw ynglŷn â materion ysbrydol, pan mae llawer o bobl 'normal' yn aml yn rhy faterol i boeni am eu henaid. Rhaid yw ceisio gwneud yn fawr o unrhyw gyfle i gyflwyno Crist. Dyna yw nod Paul. Mae'n cyfeirio at allor i dduw heb enw. Yr oedd yr Atheniaid mor ofergoelus nes eu bod wedi codi allor i dduw nad adweinir, rhag ofn fod 'na dduw arall a allai ddial arnynt am iddynt ei anwybyddu. Mae Paul yn defnyddio hynny fel agoriad i gyflwyno'r Arglwydd Dduw Jehofa. Mae wedi llwyddo i agor y drws a chael gwrandawiad gan y dorf o'i gwmpas. Awn ymlaen i glywed sut mae'n cyflwyno'r Gwir Dduw.

CYWIRO CAMSYNIAD

Fel y dywedwyd eisoes doedd Paul ddim yn fodlon gadael yr Atheniaid i ddilyn eu mympwy crefyddol eu hunain. Roedd wedi cael ei alw gan yr Arglwydd Iesu i agor llygaid y Cenhedloedd **"a'u troi o dywyllwch i oleuni"**. (Actau 26:18) Felly mae'n mynd ati i gyflwyno iddynt y Duw oedd wedi'i ddatguddio'i hun i Paul. Mae ei gyflwyniad yn hyfryd. Mae'n Dduw sydd yn Greawdwr yr holl fyd. Os mai Ef a greodd y bydysawd mae'n sefyll i reswm na all unrhyw adeilad dynol ei gynnwys. Mae hyn yn adleisio dysgeidiaeth yr Hen Destament ac yn rhywbeth a ddeallodd Solomon wrth adeiladu'r deml newydd yn Jerwsalem. **"Ai gwir y preswylia Duw ar y ddaear gyda dyn? Wele, ni all y nefoedd na nef y nefoedd dy gynnwys; pa faint llai y tŷ hwn a godais!"** (2 Cronicl 6:18) Mae Paul yn dweud felly fod Duw yn drosgynnol, y tu hwnt i gyfyngiadau dynol, ac yn rhy fawr i fesuriadau dynol. Mae ceisio cyfyngu Duw i lefelau dyn fel ceisio mesur y môr mewn galwyni. Os yw hyn yn wir, mae'n sefyll i reswm hefyd nad oes ar

Dduw angen dim byd gan ddyn; mae'n hollddigonol. Mae'r syniad o blesio Duw gydag offrymau yn wrthun i'r Ysgrythur. Does dim angen offrymau arno, ac mae'n dymuno ein serchiadau a'n calonnau, beth bynnag. **"Nid oes pleser i mi yn eich poethoffrwm, na boddhad yn eich aberth."** (Jer.6:20)

Y mae Duw wedi ein creu ni, ddynolryw, ac mae'n bywydau a'n hanes yn ei law, ac mae wedi ein creu i'w adnabod. Ac mae rhan o'r ateb i'r cwestiwn, sut un yw Duw, ynom ni, ei greaduriaid. Mae Paul yn dyfynnu rhai o'u beirdd Groegaidd i danlinellu'r pwynt fod Duw yn berson anfeidrol. Mae wedi dangos, felly, na all y siapiau neu'r lluniau yr oedden nhw'r Atheniaid yn eu defnyddio i gynrychioli eu duwiau, fod yn debygrwydd nac yn arwydd real o'r Gwir a'r Bywiol Dduw o gwbl.

CYFEIRIAD CYMWYS

Yna mae Paul yn ceisio arwain yr Atheniaid ynglŷn â sut mae adnabod Duw. Dywed fod Duw wedi edrych heibio i amseroedd anwybodaeth. Ystyr hyn yw fod cyfnod newydd wedi dechrau gyda'r Iddewon yn gwrthod Crist a'i apostolion, a bod Duw yn bwriadu i bobl o bob llwyth a gwlad ac iaith gael cyfle i glywed Efengyl Iesu Grist a chael cyfle i'w adnabod. Ond gyda'r cyfle daw cyfrifoldeb i edifarhau a throi at Dduw. Dywed Paul wedyn fod popeth yn troi o gwmpas yr Arglwydd Iesu Grist. Dyma'r Un sydd wedi dangos Duw i'r byd. Mae wedi dangos cariad Duw, mae wedi cyhoeddi teyrnas Dduw, ac mae wedi sôn am gyfiawnder Duw. Ond ar y cyfan yr oedd y byd wedi gwrthod Crist, a'i ladd. Ond yr oedd Duw wedi ei atgyfodi gan brofi fod ei holl honiadau a'i ddysgeidiaeth yn wir. Yn fwy na hynny yr oedd hyn yn dangos fod Duw wedi ei ddyrchafu mewn gogoniant ac wedi rhoi iddo bob awdurdod yn y nef a'r ddaear, ac wedi gwneud pawb yn atebol iddo. **"Am hynny, tra-dyrchafodd Duw ef, a rhoi iddo'r enw sydd goruwch pob enw, fel wrth enw Iesu y plygai pob glin yn y nef ac ar y ddaear a than y ddaear, ac y cyffesai pob tafod fod Iesu Grist yn Arglwydd, er gogoniant Duw Dad."** (Phil.2:9-11) Y mae derbyn Crist yn golygu derbyn Duw, a'i wrthod yn golygu gwrthod yr Hollalluog. Roedd Paul yn annog yr Atheniaid i dderbyn Crist oherwydd mai Ef oedd yn gweithredu barn ar y sawl a'i gwrthododd. Yr oedd Duw wedi gwneud hyn yn glir yn yr atgyfodiad.

Mae geiriau ac agwedd Paul yn esiampl wych i ni sut i ddelio â phobl o gredoau eraill heddiw. Rhaid i ni ofidio drostynt a dangos fod pob crefydd yn anghyflawn ac yn ofer heb y gwir Dduw byw, sydd i'w gyrraedd a'i adnabod trwy Iesu Grist.

Trafodwch

1. ** Trafodwch y frawddeg hon.

2. Trafodwch sut mae helpu Tystion Jehofa neu Formoniaid.

3. Ydyn ni'n esgeuluso sôn am Ddydd y Farn?

MAI YR YSBRYD GLÂN A CHENHADAETH
Gwers 33 NERTH YR YSBRYD GLÂN
(Actau 2:1-13)

Yr oedd gŵyl y Pentecost (pumdegfed) yn bwysig yng Nghalendr yr Iddew. Yr oedd yn dod pumdeg diwrnod ar ôl gŵyl y blaenffrwyth, oedd yn digwydd ar y dydd cyntaf o'r wythnos ar ôl Sabath y Pasg. Felly atgyfododd Iesu ar ŵyl y blaenffrwyth, **"yn flaenffrwyth y rhai sydd wedi huno"**. (1 Cor.15:20)

Gŵyl i ddathlu rhodd y Gyfraith i'r Israeliaid trwy Moses oedd y Pentecost. Ac ar yr ŵyl hon, daeth yr Ysbryd Glân. Derbyniodd Moses y Gyfraith ar Seinai myglyd, a daeth yr Ysbryd gydag arwyddion y fflamau tân ar y disgyblion. Gadewch i ni weld beth ddigwyddodd pan gyflawnwyd addewid Crist ac *"addewid y Tad"* yn Jerwsalem ar y Pentecost bythgofiadwy hwnnw.

Dyfodiad nerthol; Llawnder a nerth; Lleferydd nerthol; Atynfa nerthol.

DYFODIAD NERTHOL

Yr oedd yr Arglwydd wedi gorchymyn i'r disgyblion beidio â dechrau cenhadu i'r holl fyd nes iddynt dderbyn ei Ysbryd o'r nef. Ac mae dyfodiad yr Ysbryd yn cael ei arwyddo gydag elfennau nerthol iawn. Clywyd sŵn gwynt nerthol a gwelwyd fflamau o dân. Mae gwynt yn arwydd o'r Ysbryd trwy gydol yr Ysgrythur. Yn wir yr un gair yw *'gwynt'* ac *'ysbryd'* yn Hebraeg a Groeg. Dywed yr Arglwydd Iesu fod ffordd yr Ysbryd a'r gwynt yn debyg i'w gilydd: **"yr wyt yn clywed ei sŵn, ond ni wyddost o ble y mae'n dod nac i ble y mae'n mynd"**. (Ioan 3:8) Pan gafodd Eseciel weledigaeth ynglŷn ag esgyrn sychion yn dod yn fyw, cafodd y gorchymyn hwn: **"Proffwyda wrth yr anadl; proffwyda fab dyn, a dywed wrth yr anadl, 'Fel hyn y dywed yr Arglwydd Dduw: O anadl, tyrd o'r pedwar gwynt, ac anadla ar y lladdedigion hyn, iddynt fyw.'"** (Eseciel 37:9)

Felly, roedd sŵn y gwynt yn arwydd o ddyfodiad Duw yr

Ysbryd gyda nerth, er yn anweledig. Roedd yn arwydd o fywyd hefyd, ac yr oedd yn mynd i fywhau mawl y disgyblion a bywhau miloedd o anghredinwyr cyn diwedd y dydd.

Yna daeth y tân. Yr oedd hyn yn gyflawniad o eiriau Ioan Fedyddiwr: "Bydd ef yn eich bedyddio â'r Ysbryd Glân ac â thân." (Math.3:11)

Mae tân yn arwydd o elfen sydd yn puro. Cyffyrddwyd â gwefusau Eseia â marworyn er mwyn ei buro pan gafodd weledigaeth yn y deml: **"Wele, y mae hwn wedi cyffwrdd â'th enau; aeth dy anwiredd ymaith, a maddeuwyd dy bechod"**. (Eseia 6:7) Yr oedd y disgyblion felly yn cael eu sancteiddio ar gyfer eu cenhadaeth, fel y cafodd Eseia ei buro wrth gael ei alw i fod yn llysgennad i'r Arglwydd. Dyna ddau ganlyniad i ddyfodiad yr Ysbryd mewn nerth, felly, sef bywhau a phuro, a gweddïwn am i'r Ysbryd ddod i lawr yn v modd yma eto yng Nghymru cyn hir.

LLAWNDER A LLEFERYDD NERTHOL

Fe ddywed Luc wrthym fod yr Ysbryd wedi llanw'r tŷ lle'r oeddent a hefyd ei fod wedi llanw pob unigolyn hefyd.

Yr oedd sŵn y gwynt wedi llanw'r tŷ. Mae llawer o ddysgeidiaeth wahanol ar yr adran yma o'r ysgrythur, a llawer o anghytuno ymhlith Cristnogion ynglŷn â'r athrawiaeth gywir ar yr Ysbryd Glân.

Ond yr hyn mae Luc yn ei wneud yn gyntaf yw adrodd yr hanes. Fe ddigwyddodd y Pentecost cyn i unrhyw un ei esbonio'n athrawiaethol. Ac er fod athrawiaeth yn holl-bwysig er mwyn adeiladu'r saint a'u cadw rhag mynd ar gyfeiliorn, mae fel canllawiau i rieni i fagu plant. Mae'n werthfawr iawn i rieni, ond yn ofer i gyplau sydd yn ddi-blant. Gallent ddysgu'r canllawiau ar eu cof a'u deall yn berffaith, ond ni allan nhw fyth eu gweithredu heb gael plant.

Gadewch i ni geisio deall beth sydd wedi digwydd i'r Cristnogion cynnar yn y termau syml hyn, felly. Ond mae'n bwysig i mi gyfaddef yn syth nad ydw i wedi cael profiad o *"fedydd yr Ysbryd"*, neu *"lawnder yr Ysbryd"*, ac felly rwy'n siarad heb y profiad.

Yr oedd y tŷ wedi ei lanw â'r Ysbryd oherwydd bod sŵn y gwynt yn llanw'r tŷ.

Yr oedd y saint wedi eu llanw â'r Ysbryd oherwydd eu bod yn siarad â thafodau eraill.

Term yr Arglwydd Iesu am hyn yn Actau 1:5 oedd **"Bedydd â'r Ysbryd Glân"**. Yr oedd wedi eu comisiynnu i bregethu'r Efengyl i'r holl fyd, ond hefyd wedi eu rhybuddio i aros yn Jerwsalem nes iddynt gael eu bedyddio â'r Ysbryd Glân.

Nawr mae'r Ysbryd wedi dod, ac mae'r nerth wedi dod hefyd. Cawsant arwydd y gwynt a'r tafodau tân, a hefyd y tafodau neu'r ieithoedd eraill. A phan glywodd yr Iddewon o wledydd eraill hyn, yr oeddent yn eu clywed yn eu mamiaith, er eu bod yn deall Groeg. Cafodd y Cristnogion y gallu i gyfleu'r Efengyl yn iaith y galon, felly, i'r dyrfa ar Ddydd y Pentecost. Yr oedd eu mawl a'u tystiolaeth yn nerthol iawn.

Allwn ni wadu bod ein mawl a'n tystiolaeth ni'n llipa iawn fel arfer o'i gymharu â hyn? Onid oes angen llawnder yr Ysbryd a **Bedydd â'r Ysbryd arnom heddiw felly? ** Os nad oedd y Cristnogion cynnar i feiddio cenhadu heb hyn, pam ydym ni'n meddwl ei bod yn wahanol yn ein dyddiau ni?

ATYNFA NERTHOL

Canlyniad hyn i gyd oedd bod tyrfa yn ymgasglu o gwmpas y Cristnogion. Os ydym yn darllen hanes adfywiad ysbrydol fe welwn yn aml fod tyrfaoedd yn cael eu denu i oedfaon. Ond mor wahanol yw ein profiad ni. Fel arfer yr ydym ni yn chwysu ac yn lladd ein hunain i feddwl am ryw ffordd newydd i ddenu pobl i'r capel neu'r oedfa.

Ond mae digwyddiadau Actau 2 ar ddeimensiwn arall. Duw sydd yn rhoi'r nerth a'r llawnder, a'i nerth a'i lawnder Ef yn y saint sydd yn gwneud y denu hefyd.

Trafodwch

1. Ydyn ni'n esgeuluso gwaith a gweinidogaeth yr Ysbryd Glân?

2. Ydych chi'n cytuno bod angen nerth o'r uchelder arnom ar hyn o bryd?

3. ** Trafodwch y cwestiwn.

Gwers 34 — GWAITH YR YSBRYD GLÂN (Actau 10:34-48)

Mae'n beth da ein bod yn edrych ar lyfr yr Actau eleni ac yn cael cyfle i feddwl eto am waith yr Ysbryd Glân. Yr ydym mewn perygl mawr o fod yn debyg i'r bachgen bach oedd i ddweud adnod yn y capel. Yr adnod oedd Mathew 28:19 a chomisiwn Crist i'w ddisgyblion i fedyddio yn enw'r Tad a'r Mab a'r Ysbryd Glân. Dywedodd ei fam wrth y plentyn i gofio'r Drindod trwy deimlo botymau ei gôt. Gan fod tri botwm byddai'n cofio'r Drindod. Pan ddaeth yn amser i ddweud yr adnod adroddodd y bachgen am fedyddio yn enw'r Tad gan roi ei law ar y botwm uchaf, yna adroddodd am y Mab gan symud ei law at yr ail fotwm, ond wrth chwilio â'i law am y botwm gwaelod oedd wedi mynd ar goll dywedodd, *"dwi wedi colli'r Ysbryd Glân"*. Yr angen mwyaf arnom ar hyn o bryd yw profi gwaith yr Ysbryd Glân eto yn ein plith. Mae'n addas, felly, mai dyna yw'r penawd y tro hwn.

> Nodwn dair agwedd o'i waith yn nhŷ Cornelius: *Datguddio; Dangos; Dod i lawr.*

DATGUDDIO

Wrth i Pedr gyrraedd tŷ Cornelius clywodd hanes ymweliad yr angel, a'i neges yn dweud fod Duw wedi cymryd sylw o Cornelius, a'i fod i anfon am Pedr i gael gwybodaeth bellach. Mae'n amlwg fod Pedr yn dechrau deall arwyddocâd ei weledigaeth ei hun gyda'r bwyd 'aflan' yr oedd Duw yn ei alw'n lân. Mae'n deall pam oedd yr Ysbryd wedi ei gymell i ddod i Gesarea gyda'r negeswyr heb amau dim. Ac erbyn iddi fod yn amser i annerch Cornelius a'i deulu a'i ffrindiau, y mae Pedr yn fodlon cyhoeddi gwirionedd sydd yn hollol newydd iddo, gwirionedd nad oedd wedi cael amser i'w drafod gyda'r eglwys yn Jerwsalem, na darllen llyfrau ar y pwnc i gadarnhau ei safbwynt.

Y mae'n amlwg, felly, mai'r Ysbryd oedd wedi datguddio gwirionedd newydd iddo, er nad oedd yn newydd chwaith, sef bod Duw yn bwriadu galw pechaduriaid ato o bob llwyth a gwlad ac iaith a'u gosod yn ei deulu.

Yr oedd Paul wedi cael yr un datguddiad. Cafodd ei alw gan Grist ar y ffordd i Ddamascus i fynd at y Cenhedloedd, **"i agor eu llygaid, a'u troi o dywyllwch i oleuni, o awdurdod Satan at Dduw, er mwyn iddynt gael maddeuant pechodau a chyfran ymhlith y rhai a sancteiddiwyd trwy ffydd ynof fi"**. (Act.26:18) Yna, wrth ysgrifennu at yr Effesiaid mae'n disgrifio'r gwirionedd neu'r datguddiad yma fel **'dirgelwch'**. **"Dyma'r dirgelwch: bod y Cenhedloedd, ynghyd â'r Iddewon, yn gydetifeddion, yn gydaelodau o'r corff, ac yn gydgyfranogion o'r addewid yng Nghrist Iesu trwy'r Efengyl."** (Effesiaid 3:6)

Mae'n ddiddorol iawn sylwi mai dyma oedd bwriad Duw erioed. Yn Genesis 12:3 mae Duw yn dweud wrth Abraham y caiff holl dylwythau'r ddaear eu bendithio ynddo, hynny yw, yn ei had. Ystyr hynny oedd y byddai pob cenedl yn dod yn blant i Dduw trwy had Abraham, sef Crist. Ond nawr yr oedd yr Ysbryd Glân yn datguddio hyn yn glir i'r Cristnogion cynnar gan fod cyfnod newydd wedi gwawrio gyda'r Efengyl yn cael ei thaflu ar led, fel petai, i'r holl fyd.

Nid gweithio hyn allan a wnaeth yr apostolion, ond derbyn datguddiad gan yr Ysbryd. **"Yn y cenedlaethau gynt, ni chafodd y dirgelwch hwn mo'i hysbysu i feibion dynion, ond yn awr y mae wedi ei ddatguddio gan Ysbryd Duw i'w apostolion sanctaidd a'r proffwydi."** (Eff.3:5)

Ac mae angen datguddiad yr Ysbryd arnom ni eto ym mhob cenhedlaeth. Yn gyntaf mae angen i ni weld bod gan Dduw bobl yn ein hardaloedd ni y mae am eu galw i Deyrnas Crist. Pobl o bob math ac o bob cefndir, nid dim ond Cymry dosbarth canol parchus. Hefyd mae angen i ni gofio a gweld bod Duw yn dal i alw pobl o bob llwyth a gwlad ac iaith, a dyw'r comisiwn mawr ddim wedi ei gyflawni eto chwaith, a hefyd mae'n rhaid parhau gyda'r gwaith cenhadol byd-eang.

DANGOS

Wrth addo'r ysbryd i'w ddisgyblion cyn mynd i'r groes, fe ddywedodd Iesu y byddai'r Diddanydd arall **"yn fy ngogoneddu**

i, oherwydd bydd yn cymryd o'r hyn sydd yn eiddo i mi ac yn ei fynegi i chwi". (Ioan 16:14)

Er mwyn gwneud hyn roedd angen i Pedr bortreadu'r Arglwydd Iesu Grist i'w gynulleidfa. Roedd yr un peth yn wir am yr apostol Paul. **"Felly, o'r hyn a glywir y daw ffydd, a daw'r clywed trwy air Crist."** (Rhuf.10:17) Yr un Creawdwr sydd gan bawb, a'r un Gwaredwr sydd i bawb hefyd. Felly, mae'n rhaid cyflwyno Crist i bawb fel ffordd iachawdwriaeth.

Ni all yr Ysbryd weithio heb air Crist. Ni all weithio heb gyflwyno'r Gwaredwr. Rwy'n cofio hen wraig o Gristion yn dweud wrthyf, wrth sôn am bregethwyr a phregethu, *'Y cwestiwn fydda i'n gofyn yw hwn: ydi o'n pregethu Crist?'*

Ac mae Pedr yn mynd yn ei flaen i gyflwyno bywyd, angau ac atgyfodiad Crist, fel llygad-dyst oedd wedi gweld y cwbl. Mae'n esbonio bod gorchymyn arno i gyhoeddi mai Crist yw Gwaredwr y byd a'i Farnwr hefyd. Gelwir ar bawb i ddod at Dduw trwyddo, a rhybuddir pawb eu bod yn atebol iddo pan ddaw mewn gogoniant. Ac mae ef yn cymhwyso hyn, felly, i'w wrandawyr.

DOD I LAWR

Dydy Pedr ddim yn cael gorffen ei bregeth, gan fod yr Ysbryd wedi disgyn ar y gynulleidfa a'u bod yn gogoneddu Duw gyda thafodau newydd. Wrth adrodd 'nôl i'r eglwys yn Jerwsalem mae'n dweud fel hyn: **"Ac nid cynt y dechreuais lefaru nag y syrthiodd yr Ysbryd Glân arnynt hwy..."** (Act.11:15)

Ym Mathew 17 ar fynydd y gweddnewidiad torrodd Duw y Tad ar ei draws: **"Tra oedd ef yn dal i siarad dyma gwmwl golau yn cysgodi drostynt, a llais o'r cwmwl yn dweud, 'Hwn yw fy Mab, yr Anwylyd ...'"**

Eto ym Mathew 17 torrodd Duw y Mab ar draws Pedr oedd wedi addo y byddai Iesu yn talu trethi er nad oedd angen iddo wneud. Dywedodd wrtho i fynd i'r môr a chymryd y pysgodyn cyntaf a ddeuai i fyny a chael arian o'i geg.

Nawr yng Nghesarea yr oedd Duw yr Ysbryd yn torri ar ei draws er mwyn cadarnhau'r holl bethau oedd wedi cael eu haddo eisoes.

Yr oedd yn cadarnhau neges yr angel i Cornelius, gweledigaeth Pedr ar ben y to, a phregeth Pedr nawr. Yr oedd y negeseuau'n dod yn realiti. Bellach yr oedd mwy yn digwydd na siarad am gyfartaledd i'r Cenhedloedd, yr oedd yr Ysbryd yn ei ddangos yn glir trwy i'r gynulleidfa fach dderbyn yr un profiad â'r disgyblion ar Ddydd y Pentecost.

O am gael gweld y cadarnhad heddiw i raddau mwy yng Nghymru. Mae'n bwysig eithriadol i gyflwyno'r gwirionedd yng Nghrist, a gweddïwn am fwy o gyhoeddwyr ffyddlon, ond gweddïwn hefyd am weld yr Ysbryd yn cadarnhau'r neges trwy ddwyn pobl o bob math i brofiad byw o'r Arglwydd yn ein dyddiau ni.

Trafodwch

1. "Ni allwn ddeall gair Duw heb Ysbryd Glân Duw."

2. "Dylai fod diddordeb byd-eang gan bob eglwys a phob Cristion."

3. Ydych chi'n tybio bod angen profiad mwy o Dduw arnoch?

Gwers 35 BUDDUGOLIAETH YR YSBRYD GLÂN (Actau 13:1-12)

Ar bwy ddylem ni wrando yn yr eglwysi y dyddiau hyn? Mae'n gwestiwn teg. Mae rhai arweinwyr yn dweud hyn ac eraill yn dweud peth arall. Wrth edrych ar yr adran yma fe welwn fod eglwys Antioch yn ymddwyn ychydig yn wahanol. Nid ceisio clywed beth oedd neges arweinwyr pwysig oedd yn cyfrif fwyaf, ond clywed llais yr Ysbryd Glân a'i ddilyn. Ac mae hyn yn nodwedd o'r eglwys fore sydd yn cael ei anwybyddu'n rhy aml gennym. Wrth ddarllen Datguddiad 2 a 3, cawn saith llythyr at eglwysi Asia. Daw'r un neges ar ddiwedd pob llythyr: **"Yr hwn sydd ganddo glust, gwrandawed beth y mae'r Ysbryd yn ei ddweud wrth yr eglwysi."** Felly roedd yr Arglwydd Iesu yn siarad â'i bobl trwy'r Ysbryd Glân. Mae'n amlwg bod ein dyddiau ni'n wahanol gan fod gennym y Testament Newydd i'n harwain ac na allwn ychwanegu ato na thynnu oddi wrtho, ac eto mae angen yr Ysbryd Glân i gymhwyso gwirionedd y gair i ni heddiw, ac i'n sefyllfaoedd amrywiol.

> Yn y darn hwn fe welwn: *Arweiniad yr Ysbryd; Ufudd-dod y saint; Gorchfygu'r gelyn.*

ARWEINIAD YR YSBRYD

Wrth i ni gael ein cyflwyno i eglwys Antioch yr ydym yn gweld yn syth fod criw da o arweinwyr yno. Mae Luc yn rhestri pump o ddynion i ni. Yr oedd y dynion hyn yn gweinidogaethu yn yr eglwys, ac yn ystod eu gwaith fe lefarodd yr Ysbryd, trwy broffwydoliaeth, gan ddweud ei bod yn bryd neilltuo Paul a Barnabas i'r gwaith oedd ganddo Ef iddynt. Yr ydym yn gwybod bod Paul wedi cael ei alw i fynd â'r Efengyl at y Cenhedloedd ers ei dröedigaeth, a nawr yr ydym yn deall fod yr Arglwydd yn bwriadu i Barnabas fynd gydag ef.

Hyd yn oed petai Beibl cyflawn gan arweinwyr Antioch, byddai angen arweiniad yr Ysbryd ynglŷn â'r mater hwn. Ac mae hynny'n wir amdanom ninnau hefyd. Pa weinidog y dylem ei alw? Pa ddiaconiaid y dylem eu hethol? Er nad yw'r materion hyn o'r un maint â gwaith Paul a Barnabas, nac yr un mor unigryw â'r alwad gyntaf i fynd at y Cenhedloedd, gwae ni os ydym yn meddwl y gallwn wneud penderfyniadau yn yr eglwys heb gysylltu â Phen yr eglwys, sef Crist. A'r ffordd mae'r Arglwydd yn ateb, yw trwy'r Ysbryd Glân. Mae'n hanfodol bwysig, felly, ein bod yn ymwybodol o weinidogaeth yr Ysbryd.

Felly, dim ond cadarnhau arweiniad yr Ysbryd mae'r eglwys mewn ufudd-dod. Wrth weddïo ac ymprydio ac arddodi dwylo ar y ddau, yr oedd yr eglwys yn erfyn ar yr Arglwydd i eneinio ag Ysbryd doethineb a dewrder y rhai yr oedd Ef wedi'u dewis. Roeddent yn gweddïo y byddent yn anorchfygol trwy ei nerth Ef, yn wyneb holl ymosodiadau diafol a byd; y byddai'n bendithio'u hymdrechion a'u llafur fel na fyddent yn anffrwythlon.

Yn olaf ar y pwynt yma, yr Ysbryd oedd wedi cymell Paul i wynebu Elymas yn hyf ac eofn ac i gyhoeddi dallineb dros dro arno. Mae Luc yn pwysleisio fod Paul yn siarad fel un oedd **"wedi ei lenwi â'r Ysbryd Glân"** ac mae'n deg dod i'r casgliad mai'r Ysbryd oedd yn rhoi'r geiriau herfeiddiol hynny iddo.

Fe welwn yn yr hanes yma mai yr Arglwydd Iesu oedd wrth y llyw, trwy ei Ysbryd Glân.

UFUDD-DOD Y SAINT

Ond dydy'r Arglwydd byth yn trin ei bobl fel peiriannau. Yr oedd ochr ddynol i'r hanes yma hefyd, ac fe welwn fod yr Arglwydd yn gallu gweithio trwy'r bobl yma oherwydd eu bod yn ufudd iddo. Does dim disgwyl i'r Arglwydd i'n bendithio a'n defnyddio yn y modd yma os nad ydym yn ufudd yn ein gwaith, nac yn ceisio ei ogoniant Ef o hyd.

Darllenwn fod y pump arweinydd yn **'gwasanaethu yr Arglwydd'** (B.W.M.) ac yn ymprydio wrth wneud hynny. Ystyr y gwasanaethu yw cyflawni eu swyddi fel arweinwyr ac athrawon. Ond mae sylw arbennig yn cael ei roi i'r ffaith eu bod yn ymprydio wrth wneud eu gwaith. Bwriad hyn oedd rhyddhau eu meddwl o rwystrau er mwyn canolbwyntio ar neges yr Arglwydd trwy broffwydoliaeth.

Yna ar ôl derbyn neges yr Arglwydd trwy'r Ysbryd ynglŷn â

Phaul a Barnabas, maent yn galw ympryd cyhoeddus a chyfnod o weddïo drostynt. Nid bwriad hyn oedd cadarnhau neges yr Ysbryd, gan fod hynny wedi dod yn ddigon clir eisoes. Ufuddhau i'r neges oedd hyn. Ond roedd angen ympryd a gweddi arbennig ar y ddau wrth gychwyn pennod newydd yn hanes teyrnas Crist. Darllenwn am yr Arglwydd ei hun yn gweddïo trwy'r nos cyn dewis ei ddeuddeg disgybl: **"Un o'r dyddiau hynny aeth allan i'r mynydd i weddïo, a bu ar hyd y nos yn gweddïo ar Dduw."** (Luc 6:12) Yna, wrth fynd ar eu taith, fe welwn fod Paul a Barnabas yn cyhoeddi'r Efengyl wrth fynd ymlaen. Doedden nhw ddim yn gwastraffu unrhyw gyfle i gyflwyno'r Arglwydd Iesu Grist. Mae'n debyg eu bod yn canolbwyntio i ddechrau ar yr Iddewon yng Nghyprus nes cyrraedd Paphos.

Wrth ddod yn erbyn Elymas cafodd Paul ei gymell gan yr Ysbryd i lefaru'n hyf yn erbyn y dewin. Trwy ffydd, fe fu Paul yn ufudd, ac fe ddallwyd y swynwr yn ôl geiriau'r Ysbryd trwy Paul.

Oherwydd ufudd-dod y saint yn yr hanes agorwyd drws y deyrnas i'r Cenhedloedd, ac enillwyd Sergius Paulus i deulu Duw, a dangoswyd gwagedd y swynwr Iddewig twyllodrus.

GORCHFYGU'R GELYN

Ym Mhaphos daethant wyneb yn wyneb â dewin o'r enw Bar-Iesu neu Elymas. Yr oedd hwn yn Iddew, ac felly'n broffwyd gau. Ac yr oedd Sergius Paulus, er ei fod yn Rhufeiniwr, ac yn ddyn deallus, yn drwm o dan ddylanwad ei driciau. Mae'n deg meddwl fod llawer o bobl Paphos yn Iddewon a Chenedl-ddynion o dan ddylanwad ei swyn.

Yr oedd Paul a Barnabas yn gweld hyn yn glir fel gwaith y diafol. Galwodd Paul ef yn fab y diafol. Yr oedd hyn yn tynnu'r bobl oddi wrth y gwir Dduw fel Amddiffynnwr a Cheidwad.

Yr oedd y gelyn yn gwrthwynebu Paul a Barnabas a'u neges am ei fod yn ofn colli gafael ar y rhaglaw. Yr oedd y gwrthwynebiad yma'n ddieflig. Yr oedd Elymas yn gwneud ei orau i wrthdroi Sergius Paulus oddi wrth yr Efengyl. Dyma frwydr ysbrydol go iawn.

Dyma sydd yn digwydd yn aml wrth i'r efengyl gael ei chyhoeddi gyda nerth yr Ysbryd ac o dan ei arweiniad. Cafodd

Iesu wrthynebiad cyson gan y Phariseaid a'r Ysgrifenyddion, dan ddylanwad yr Un drwg eto.

Ond wrth i Paul lefaru dan ysbrydoliaeth ddwyfol, cyhoeddwyd barn ar y gwrthwynebydd (Elymas a'r diafol), a chyhoeddwyd goruchafiaeth yr Arglwydd Iesu Grist ar yr un pryd wrth i'r Ysbryd weithredu geiriau Paul. Trwy hyn i gyd daeth y rhaglaw i ffydd yn Iesu Grist.

Boed i ni heddiw geisio arweiniad yr Arglwydd trwy'r Ysbryd, boed i ni fod yn ufudd iddo er mwyn i ni brofi ei fuddugoliaeth yn amlach dros deyrnas y tywyllwch yng Nghymru.

Trafodwch

1. Ydyn ni'n euog o drin gair Duw fel gair dyn?

2. Ydyn ni'n disgwyl i'r Ysbryd siarad trwy ein harweinwyr?

3. Trafodwch ympryd fel rhan o fywyd Cristion.

Gwers 36 ARWEINIAD YR YSBRYD GLÂN (Actau 16:6-10)

Yn y paragraff bach yma fe welwn Paul, Silas a Thimotheus yn mynd ymlaen â'r weinidogaeth i'r Cenhedloedd. Ond yr oedd yr Ysbryd yn cau drysau iddynt yn ogystal â'u hagor. Wrth fynd o gwmpas ardaloedd Asia Leiaf, fe'u harweiniwyd gan yr Ysbryd Glân trwy weledigaeth i Facedonia. Oherwydd hyn aethant yn syth dros y dŵr a chyrraedd Philipi cyn hir. Ac mae arweiniad yr Arglwydd yn fater anodd a dyrys i lawer o Gristnogion yn ein dyddiau ni. Mae rhai'n credu bod gan Dduw fap manwl o'n holl fywyd, ond nad yw'n ei ddangos i ni, er mwyn i ni weld ein ffordd ymlaen. Mae eraill yn credu bod un camgymeriad yn golygu bod holl gyfeiriad ein bywyd yn anghywir tan y diwedd. Ond dydy hyn ddim yn iawn. Mae'n wir bod Duw yn gwybod y cyfan amdanom, a bod ein dewisiadau'n bwysig iawn, ond y peth pwysicaf oll yw ein perthynas o gariad gyda'n Harglwydd.

Caiff hyn ei fynegi mewn ufudd-dod. Os byddwn ufudd i Dduw yn y pethau eglur, amlwg, bydd Ef yn ein harwain yn ei amser a'i ffordd ei hun, a gwneud yn siŵr na chollwn yr hyn sydd ganddo ar ein cyfer.

Ond mae'n naturiol ein bod yn gofidio ac yn poeni am rai o'r dewisiadau anodd sydd yn gallu dod i'n rhan mewn bywyd. A ddylem rentu neu brynu tŷ? I ba goleg y dylwn fynd? I ba ysgol y dylwn anfon fy mhlant? A ydy'r person yma'n addas i mi fel cymar? Beth y dylwn ei wneud pan mae fy nghymar yn cyfaddef anffyddlondeb priodasol? Beth y dylwn ei wneud pan fod y plentyn yn fy nghroth yn debyg o fod a nam mawr arno?

Dyma benderfyniadau anodd i bawb. Mae'r Cristion eisiau plesio Duw a gwneud ei ewyllys Ef, gwneud y peth iawn. Ond hefyd rhaid cofio bod yr Arglwydd o'n plaid ni. Mae Ef gyda ni, ac ynom trwy ei Ysbryd Glân, ac mae'n siŵr o'n harwain fel y bugail da: **"Pan fydd wedi dod â'i ddefaid ei hun i gyd allan, bydd yn cerdded ar y blaen, a'r defaid yn ei ganlyn oherwydd eu bod yn adnabod ei lais ef."** (Ioan 10:4) Dyna ddarlun hyfryd o sefyllfa fanteisiol y Cristion.

SUT MAE CAEL ARWEINIAD?

Yn yr hanes yma, daeth yr arweiniad trwy weledigaeth. Gan nad yw hynny'n digwydd bob tro, beth dylem ni ei wneud? Darllenwn yn y Beibl am Dduw yn arwain ei bobl trwy ffyrdd amrywiol iawn. Dewiswyd Mathias fel disgybl newydd trwy fwrw coelbren ar ôl gweddi daer.

Gofynnodd Gideon am arwydd trwy roi gwlân allan gyda'r nos i gadarnhau arweiniad Duw.

Hoffwn nodi pum pwynt all fod yn help i ni brofi arweiniad yr Arglwydd yn ein bywydau:

1. Ceisio Duw

Efallai bod hwn yn bwynt amlwg, ond eto mae'n bwysig. Dyma ddywed llyfr y Diarhebion: **"Ymddiried yn llwyr yn yr Arglwydd, a phaid â dibynnu ar dy ddeall dy hun. Cydnabydda ef yn dy holl ffyrdd, bydd ef yn sicr o gadw dy lwybrau'n union."** (3:5-6)

Does dim yn rhy fawr nac yn rhy fach i geisio Duw amdano. Yr ydym yn gwneud popeth er gogoniant iddo Ef. Os bydd gennym awydd i'w gydnabod ym mhopeth, bydd yn siŵr o'n cadw ar lwybr ei ewyllys.

Wrth sôn am gydnabod Duw, mae hyn yn golygu *ei drystio, ildio iddo, gweddïo arno ac ufuddhau iddo.*

Wrth ei *drystio* yr ydym yn cydnabod ei fod yn gwybod yn well na ni. Wrth *ildio* iddo yr ydym yn dangos ein bod yn ei barchu fel Un sydd yn fwy na ni. Wrth *weddïo* yr ydym yn gofyn i'r Arglwydd am ei ddoethineb a'i nerth yn ei arweiniad. Mewn *ufudd-dod* yr ydym yn dangos ein cariad at yr un sydd wedi'n caru ni gymaint.

2. Cyfarwyddiadau Duw

Weithiau byddwn yn cael rhyw declyn newydd, neu gêm newydd amser Nadolig, a dydym ni ddim wedi ei ddefnyddio neu ei chwarae o'r blaen. Weithiau awn ati gan fod yn siŵr y gallwn roi'r peth at ei gilydd neu chwarae'r gêm trwy weithio pethau allan ein hunain. Ond cyn hir byddwn mewn penbleth. Yr unig beth i'w wneud yw darllen y cyfarwyddiadau. Ac fel'na mae ein bywyd hefyd ar brydiau. Ond mae ein Creawdwr wedi rhoi i ni gyfarwyddiadau yn y Beibl. Ac wrth ddarllen ac astudio'r Beibl mae'n rhaid gofyn dau beth:

a. *Beth sydd yn gwbl glir a diamwys?* Mae nifer o orchmynion plaen sydd yn hawlio ufudd-dod plaen.

b. *Pa egwyddorion sydd yn cael eu dysgu?* Mae rhai adrannau o'n bywyd sydd yn fwy niwlog. Dydy'r Beibl ddim yn enwi'r math o gar y dylem ei brynu, er enghraifft.

Mae'n rhaid i ni felly ddefnyddio egwyddorion y Beibl i wneud penderfyniadau eraill. Dyma rai enghreifftiau: ***Peidiwch â cheisio cyfoeth cyflym (Diar.28:22); Buddsoddwch yn y nef (Math.6:20); Peidiwch â dilyn y dorf (Rhuf.12:1-2); Ildiwch i'r awdurdodau (Rhuf.13:1-4); Dewiswch y gorau (Phil.4:8); Gweithiwch i Dduw, nid y pennaeth (Col.3:23).*** Dim ond ychydig enghreifftiau sydd yma, ond mae'r rhain yn help mawr i ni wrth wneud penderfyniadau anodd mewn bywyd.

3. Crynhoi'r dewisiadau

Ym mhob sefyllfa, mae'n bwysig edrych ar bob dewis, a chanlyniadau'r dewisiadau hefyd. Ydy'r swydd yn mynd i olygu bod yn bell o'ch teulu? Fydd hynny'n straen gormodol ar bawb? Fydd y swydd yn golygu colli amser gyda'r plant? Fydd y swydd yn golygu symud ardal?

Mae'n bwysig cofio ein cymwysterau a'n doniau hefyd. Oes diben mynd i faes nad ydym yn dda iawn ynddo? Neu efallai y dylem ofyn, oes gen i'r cymwysterau addas?

Dywed Paul wrth y Corinthiaid fod gan y Cristion feddwl Crist. Os yw hyn yn wir, mae'n rhaid i ni ddefnyddio'n meddwl wrth bwyso a mesur ein dewisiadau, a chanlyniadau ein penderfyniadau.

4. Cyngor eraill

"Y mae ffordd y ffôl yn iawn yn ei olwg, ond gwrendy'r doeth ar gyngor." (Diar.12:15) Y mae nifer ohonom wedi cael y profiad o fod yn y car yn chwilio am y ffordd gywir, ond ar goll. Mae pawb yn annog y gyrrwr i stopio er mwyn gofyn y ffordd, ond mae'n rhy falch. Caiff amser ei wastraffu weithiau wrth fynd mewn cylchoedd oherwydd ei fachlder. Mae'r un peth yn wir amdanom fel Cristnogion. Ond cyngor pwy dylem ei geisio a'i gymryd?

Penderfynodd Rehoboam, brenin Israel, gael cyngor gan ddynion aeddfed a dynion iau. Penderfynodd dderbyn cyngor y dynion iau, a gwneud llanast o bethau. Gwrandawodd ar y rhai oedd yn cytuno ag ef, yn hytrach na bod yn barod i newid ei feddwl.

5. Cofio rhyddid

Mae'n bwysig cofio nad yw pob dewis o bwys tragwyddol, ac nad yw'r Arglwydd am i ni gael ein parlysu gan ofid wrth wynebu pob penderfyniad mewn bywyd. Fel arfer, dydy'r math o gar a brynwn ddim yn gwneud fawr o wahaniaeth, oni bai ein bod yn mynd yn erbyn egwyddorion y Beibl wrth ddewis yn annoeth.

Cafodd Adda enwi anifeiliaid Duw, ac mae lle i gredu y cafodd ryddid i'w henwi yn ôl ei ddeall ei hun. Cafodd ddewis pa ffrwythau yn Eden i'w bwyta. Doedd dim angen gofyn barn Duw ynglŷn â hynny. Ei gamgymeriad oedd bwyta'r ffrwyth oedd wedi ei wahardd gan Dduw.

Oddi mewn i ewyllys Duw mae dewis gennym a rhyddid yn aml. Rhaid i ni gofio hynny wrth ddewis ac wrth barchu eraill sydd yn dewis yn wahanol.

Daw'r pum pwynt o erthygl gan Kurt de Haan, "*Discovery Series*", gweinidogaeth RBC.

Trafodwch

1. Rhannwch sut y byddwch chi yn ceisio arweiniad Duw yn eich bywyd.

2. "Does dim angen arweiniad ynglŷn â gorchmynion Duw."

3. At bwy byddwch chi'n troi am gyngor?

MEHEFIN
Gwers 37

YR EGLWYS YN TYFU(1)
TWYLL YN YR EGLWYS FORE
(Actau 5:1-11)

"Daw hanner y diflastod sydd yn y byd o geisio *ymddangos*, yn hytrach na cheisio *bod*, yn rhywbeth nad ydym." Darllenais hyn yn ddiweddar mewn perthynas â rhagrith. Mae hanes trist Ananias a Saffeira yn cadarnhau'r gosodiad yna. Dyma ddau a syrthiodd i fagl rhagrith ac a dalodd amdano gyda'u bywydau.

Nid methu â chyrraedd y nod yw rhagrith, ond rhoi'r argraff yn fwriadol ein bod yn rhywbeth nad ydym. Ac mae'n beth da bod yr hanes hwn yn yr Ysgrythur er mwyn i ni sylweddoli pa mor real yw problem twyll mewn eglwys Gristnogol. Os digwyddodd hyn yn yr eglwys fore, yr ydym yn hynod o dwp os meddyliwn na all ddigwydd yn ein heglwysi ni heddiw.

Hoffwn wneud dau bwynt: Bod yr hanes yma'n dangos *Bwriad Dieflig* a *Barn Duw*.

BWRIAD DIEFLIG

Cwestiwn Pedr i Ananias oedd: **"sut y bu i Satan lenwi dy galon i ddweud celwydd wrth yr Ysbryd Glân?"** (ad.3). Mae Satan yn ymosod ar eglwys Iesu Grist ym mhob ffordd bosibl. Bydd yn ymosod o'r tu allan, fel hanes Actau 4, a bydd hefyd yn ymosod o'r tu mewn. Rhybuddiodd Paul henuriaid Effesus yn Actau 20:30 y byddai rhai'n codi **"o'ch plith chwi eich hunain, dynion yn llefaru pethau llygredig, i ddenu'r disgyblion ymaith ar eu hôl"**.

Dysgodd yr Arglwydd Iesu ei hun am hyn ym Mathew 13 wrth adrodd Dameg yr Efrau. Wrth esbonio'r ddameg i'r disgyblion fe ddywed yr Arglwydd: **"Y maes yw'r byd. Yr had da yw meibion y deyrnas; yr efrau yw meibion yr Un drwg, a'r gelyn a'u heuodd yw'r diafol."** Yn y ddameg yr oedd perchennog y maes yn caniatáu i'r efrau aros yn y maes tan ddydd y cynhaeaf. Yr ystyr, felly, yw bod twyllwyr yn eglwys Dduw, wedi eu hau gan y diafol, ond bod Duw yn mynd i'w didoli ar ddiwedd y byd.

Ac mae'r hanes hwn yn rhyw fath o ragbrawf o'r farn honno.

Gallwn weld olion y Diafol mewn tri pheth:

Celwydd. Dywed yr Arglwydd Iesu am y diafol: **"oherwydd un celwyddog yw ef, a thad pob celwydd".** (Ioan 8:44) Mae'n gwbl eglur bod ei ddylanwad yn drwm ar Ananïas a Saffeira. Fe ddwedodd gelwydd wrth Ananïas a Safferia, fel wrth Adda ac Efa ac wrth bawb ohonom. Yna fe'u harweiniodd nhw i ddweud celwydd wrth yr Ysbryd Glân wrth iddynt ddweud celwydd wrth eglwys Dduw. Mae'r apostol Paul yn disgrifio'r eglwys fel **"colofn a sylfaen y gwirionedd"**, ac felly mae'n amlwg fod Satan am ymosod arni gyda chelwydd.

Balchder. **"Ofn yr Arglwydd yw casáu drygioni; yr wyf yn ffieiddio balchder ac uchelgais."** Dyna eiriau 'doethineb' yn Diarhebion 8:13. Mae'n amlwg fod y cwpl yma wedi gweld rhodd Barnabas (Actau 4:37) i'r eglwys a'r ymateb ffafriol a gafodd gan yr eglwys. Gallwn yn hawdd glywed Satan yn sibrwd i'w clustiau: *'gallech chi fwynhau'r un gogoniant yn hawdd! Gallwch chi gael pawb i feddwl eich bod chi yr un mor ysbrydol â Barnabas.'*

Balchder a arweiniodd Lucifer i feddwl y gallai gystadlu â Duw a'i orchfygu, a dyma sut aeth yn angel syrthiedig. (Eseia 14:12-15) Defnyddiodd falchder i berswadio Adda ac Efa i gymryd ffrwyth y pren oedd wedi ei wahardd (**"a byddwch fel Duw**").

Canlyniad y balchder yma yw ceisio dwyn gogoniant Duw oddi wrtho. Mae hyn yn fater na fydd Duw yn ei gymryd yn ysgafn ac mae'n rhaid i ni fod yn wyliadwrus iawn. Mae dysgeidiaeth yr Arglwydd Iesu yn glir na ddylem wneud dim er clod i ni ein hunain. (Mathew 6:1-4) Does dim clod yn perthyn i ni. Nid ein harian ein hunain sydd gennym; rhodd Duw ydyw, a ninnau'n stiwardiaid arno. A chawn ein hannog ganddo o hyd i geisio clod Duw, sydd yn y dirgel, yn hytrach na chlod amlwg dynion.

BARN DUW

Dywed Hebreaid 10:30-31, **"'Bydd yr Arglwydd yn barnu ei bobl.' Peth dychrynllyd yw syrthio i ddwylo y Duw byw."** Mae'r geiriau hyn yn cael eu gwireddu yn hanes Ananïas a Saffeira. A chawn sawl enghraifft o Dduw yn barnu ei bobl yn llym ar ddechrau cyfnodau newydd achubol yn eu hanes.

Yn Lefiticus 10, yn union ar ôl codi'r Tabernacl, lladdwyd Nadab ac Abihu am geisio cyflwyno **"tân estron"** fel offrwm i'r Arglwydd. Fe'u hyswyd gan dân yr Arglwydd.

Ar ôl i Israel gyrraedd gwlad yr addewid lladdwyd Achan am anufudd-dod. Yr oedd yr ysbail neu'r diofryd o Jericho i fod yn rhodd i'r Arglwydd, ond cadwodd Achan beth ohono iddo fe'i hunan. A gwrthododd gyfaddef gan feddwl cuddio'r peth, fel petai unrhyw un yn gallu cuddio unrhyw beth oddi wrth Dduw. Fe'i daliwyd ac fe'i llabuddiwyd ef a'i deulu.

Gwelwn yr un llymder yn Actau 5 ac mae'n amlwg fod Duw yn gwneud yn glir i'w bobl nad yw yn goddef twyll yn eu plith. Meddai'r salmydd: **"sancteiddrwydd sy'n gweddu i'th dŷ, O Arglwydd, hyd byth."** (Salm 93:5)

Ac mae'r hanes hwn yn rhybudd difrifol iawn i bob un ohonom ni sydd yn Gristnogion heddiw. Gadewch i ni farnu pechod ynom ni ein hunain a ffoi oddi wrtho, cyn iddo ein maglu a chyn i'r Arglwydd ein barnu ni, fel y gwnaeth i Ananïas a Saffeira.

Daeth ton o barchedig ofn dros yr eglwys a thros bawb a glywodd yr hanes ar ôl hyn. Mae Actau 4:33 yn sôn am y **"nerth mawr"** oedd yn nodweddi tystiolaeth yr eglwys ac am y **"gras mawr"** oedd arnynt hefyd am fod Duw gyda nhw. Ond nawr yn 5:11 fe ddarllenwn am **"ofn mawr"** ac mae'r tri pheth yma yn profi bod Duw yn agos iawn at yr eglwys yn y cyfnod hwnnw.

Boed i ni brofi'r Arglwydd a'r pethau **"mawr"** unwaith eto.

Trafodwch

1. "Dylem ganmol llai ar dynion, er mwyn osgoi balchder."

2. Ydyn ni heddiw yn ofni pechu yn erbyn Duw?

3. "Does dim cymaint o ragrith yn yr eglwysi heddiw."

Gwers 38 — ARAITH STEFFAN (Actau 7:1-8)

Dyma'r croniclad hiraf o anerchiad neu araith neu bregeth yn y Testament Newydd a does dim amheuaeth ei fod yn un o'r pwysicaf hefyd. Yr oedd yn dystiolaeth huawdl i fuddugoliaeth ysbrydol dros amgylchiadau allanol anobeithiol, fel hanes Crist ei hun. Mae'n dystiolaeth i realiti'r Ysbryd Glân yn trechu gwaith yr Un drwg, er gwaetha'r ffaith mai'r Un drwg a enillodd i bob golwg.

Hoffwn nodi dau brif bwynt, sef: *Amgylchiadau'r Araith*; *Agweddau'r Araith*.

AMGYLCHIADAU'R ARAITH

Yr hyn sydd yn gwneud yr araith hon yn un mor arbennig ydy cofio'r amgylchiadau oedd yn bodoli pan oedd Steffan yn siarad. Doedd e ddim yn sefyll mewn pulpud braf gyda chynulleidfa eiddgar yn disgwyl i glywed pob gair o'i enau. I'r gwrthwyneb, yr oedd yn sefyll gerbron Cyngor yr Iddewon, yr un Cyngor ag oedd wedi rhoi Iesu ar ei brawf. Doedd Steffan ddim ymhlith ffrindiau a chefnogwyr, ond yn hytrach yr oedd newydd glywed gau-dystion yn siarad yn ei erbyn. Doedd dim byd diogel ynglŷn ag amgylchiadau Steffan, gan fod ei fywyd yn y fantol.

Yr hyn sydd yn ein taro wrth ddarllen yr araith ydy cymaint oedd dewrder a ffydd Steffan. Pan mae pobl yn dechrau bwrw amheuaeth arnom ac ar ein neges mae mor hawdd mynd yn fewnblyg ac yn ofnus. Ond yr oedd ef yn siŵr ei fod yn cyflwyno ac yn credu'r gwirionedd, ac na fyddai'r Arglwydd yn ei adael yn amddifad.

Mae'n ein hatgoffa o eiriau Sadrach, Mesach ac Abednego ar ôl cael y rhybudd olaf i wadu Duw ac addoli delw Nebuchadnesar neu wynebu'r ffwrnes: **"Nid oes angen i ni dy ateb ynglŷn â hyn. Y mae'r Duw a addolwn ni yn alluog i'n hachub, ac fe'n hachub o ganol y ffwrnais danllyd ac o'th afael dithau, O frenin; a hyd yn oed os na wna, yr ydym am i ti wybod o frenin, na wasanaethwn ni dy dduwiau..."** (Dan. 3:16-17)

Mae hefyd yn ein hatgoffa o ddewrder a ffydd merthyron yr oesoedd ers amser Steffan. Gallem sôn am lawer un yn ein canrif ni, ond dyma ddwy enghraifft o Ddwyrain Ewrop allan o lyfr heriol Richard Wurmbrand, *Tortured for Christ.*

Wrth sôn am yr Eglwys Gudd mae'n disgrifio'r dewrder a'r ffydd oedd yn eu nodweddi mewn amgylchiadau anodd. Mae'n sôn am fyfyrwraig ifanc o flaen ei gwell yn cael ei herio gan y barnwr:

** *"'Y mae dy grefydd yn wrth-wyddonol,' heriai'r barnwr...ac atebodd (hithau): 'Ydych chi'n gwybod mwy am wyddoniaeth nag Einstein, na Newton? Roedden nhw yn Gredinwyr. Mae ein bydysawd yn dwyn enw Einstein...ac mae'n ysgrifennu 'os glanhawn Iddewiaeth y proffwydi a Christnogaeth fel y dysgodd Iesu ef o'r hyn a ddaeth wedyn, yn arbennig yr offeiriadaeth fydol, mae gennym grefydd all achub y byd o'i holl glefydau cymdeithasol. Mae'n ddyletswydd sanctaidd ar bawb i wneud ei orau i ddod â'r grefydd yma i fuddugoliaeth.'"*

Yn debyg i Steffan, yr oedd y ferch hon yn cael dewrder a ffydd gan Dduw a doethineb i ateb heriadau gwawdlyd y barnwr.

Dyma enghraifft arall gyda Christion o'r enw Grecu yn cael ei arteithio gan un o aelodau Prif Bwyllgor y Blaid Gomiwnyddol, o'r new Reck.

Meddai Reck: *"'Ti'n gwybod, Fi ydy Duw. Mae gen i allu bywyd a marwolaeth drosot ti....Mae popeth yn dibynnu arna i. Os mynnaf, cei fyw. Os mynnaf, cei farw. Fi ydy Duw!' Felly yr oedd yn gwawdio'r Cristnogion. Rhoddodd y brawd Grecu...ateb diddorol iawn i Reck ... Dywedodd: 'Dwyt ti ddim yn gwybod pa mor ddwfn yw dy eiriau. Rwyt ti'n dduw mewn gwirionedd. Mae pob lindys yn iâr fach yr haf, os bydd yn datbglygu'n iawn. Dwyt ti ddim wedi dy greu i fod yn arteithiwr, yn ddyn sy'n lladd. Cefaist dy greu i ddod yn fod Duw-debyg.'"* Ymhen amser daeth Reck i ddeall y geiriau wrth iddo gael ei aileni trwy ras Duw.

AGWEDDAU'R ARAITH

Gogoniant Duw. Mae Steffan yn dechrau ac yn gorffen (ad.55) trwy sôn am ogoniant Duw. A dywed Luc fod y gogoniant hwnnw'n amlwg yn ei wyneb. Ac Israel oedd y genedl oedd wedi etifeddu gogoniant Duw(**"hwy a gafodd weld gogoniant Duw"**), dim ond i'w daflu ymaith dro ar ôl tro.

Fe'i collwyd o'r tabernacl ar ôl marwolaeth Eli a phechodau ei feibion. Arwydd o hyn oedd enwi mab Phinees yn Ichabod, sef 'di-ogoniant'. Yna fe'i collwyd o'r deml yn nyddiau Eseciel (10:18) oherwydd pechod ac anufudd-dod y bobl. (Eseciel 11:12)

Daeth y gogoniant llawnaf i'w plith yn yr Arglwydd Iesu Grist (Ioan 1:14), ond gwrthod Mab Duw hefyd wnaeth y genedl yn gyffredinol.

Gras a Ffydd. Yna mae Steffan yn mynd ymlaen i sôn am Abraham, y patriarch oedd yn bwysig iawn i bob Iddew. Yr oeddent yn ymfalchïo eu bod yn blant Abraham er nad oeddent yn deall fod y cyfamod ag ef yn un ysbrydol oedd yn berthnasol i blant gras a ffydd. Oherwydd gras Duw a ffydd Abraham y cafodd ei fendithio gan Dduw, ond yr oedd yr Iddewon yn rhoi mwy o bwys ar gysylltiad gwaed na chysylltiad ysbrydol â ffydd y Patriarch. Roeddent yn pwysleisio'r enwaediad llythrennol heb ddeall yr arwyddocâd ysbrydol, sef mai pobl galon-feddal yw pobl Dduw. Mae Steffan yn cyhuddo'i wrthwynebwyr o fod yn **"wargaled a dienwaededig o galon"**. Cawsant eu rhybuddio cyn hyn gan Ioan Fedyddiwr, a'u galwodd yn **"epil gwiberod"** yn hytrach na phlant Abraham. Siaradodd Iesu wrthynt am hyn hefyd a dweud bod eu hanghrediniaeth yn profi nad plant Abraham na phlant Duw mohonynt, eithr **"plant ydych chwi i'ch tad, y diafol"**.

Ac mae araith Steffan yn berthnasol i ni hefyd. Dydy magwraeth capel nac aelodaeth ddim yn ein gwneud yn blant Duw, eithr ffydd bersonol yn Iesu Grist a'i farwol glwy, fel ein Gwaredwr a'n Harglwydd. Boed i'r Arglwydd ein cadw rhag pechodau erchyll y crefyddwyr a wrthododd Crist a Steffan.

Trafodwch

1. "Mae ein hadwaith yn dweud mwy amdanom na'n gwaith."

2. Sut mae cadw'r cydbwysedd rhwng caru ac argyhoeddi o bechod?

3. ** Beth yw eich ymateb i'r paragraff hwn?

Gwers 39 GWEINIDOGAETH PAUL YN EFFESUS (Actau 19:1-10)

Yr oedd Effesus yn ddinas amlwg iawn yn Asia y Testament Newydd. Yr oedd teml fawr i Diana yno, yn dangos mai dinas Roegaidd baganaidd oedd hi mewn gwirionedd. Ond hefyd yr oedd Cristnogion yn y ddinas. Pan ymunwn â'r hanes ar ddechrau'r bennod yma, doedd dim llawer ohonynt yno. Cyn i Apolos adael gallech ddweud fod pymtheg yno. Ond yr oedd Effesus ar fap Teyrnas Dduw, yn rhan o gynlluniau'r Hollalluog. Yn yr adran sydd o dan sylw fe welwn Paul yn cael ei ddefnyddio i ddatblygu'r saint a datblygu'r gwaith, ac aros yno am gyfnod sylweddol iawn, o'i gymharu â'i arferion ef. Wrth edrych ar ei gyfnod yn Effesus hoffwn ofyn dau gwestiwn:

Pa fedydd? Pa safle?

PA FEDYDD?

Pan gyrhaeddodd Paul, yr oedd Apolos newydd adael am Gorinth. Yr oedd Apolos yn Iddew o Alexandria. Yr oedd y cymysgedd hynny'n ei wneud yn berson addas i weithio yn Effesus. Yr oedd yn gyfarwydd â dysg a diwylliant Groegaidd, ac eto yn gadarn yn yr Ysgrythurau (H.D.). Yr oedd hefyd yn areithiwr huawdl ac felly'n bregethwr grymus. Yr unig ddiffyg amdano oedd mai dim ond am fedydd Ioan yr oedd yn gwybod am y rhan fwyaf o'i gyfnod yn Effesus. Ar ôl i Priscila ac Acwila esbonio ffordd Duw yn fanylach iddo, aeth i Achaia ac i Gorinth. (18:24-28)

Felly, yr oedd y grŵp bach o gredinwyr yn dal heb wybod yn llawn am ddyfodiad yr Ysbryd Glân ac am y nerth a'r llawnder oedd iddynt hwy o'i dderbyn.

Pan gyrhaeddodd Paul Effesus a dechrau rhannu cymdeithas gyda'r ffyddloniaid, yr oedd yn gweld bod rhywbeth ar goll a rhywbeth yn eisiau. Efallai eu bod yn ofnus ac yn swil o'u ffydd, fel y disgyblion cyn y Pentecost. Efallai eu bod yn tueddu i fod yn fewnblyg yn hytrach na chyrraedd allan gyda hyder i ddweud wrth eraill am y Gwaredwr.

Efallai eu bod yn oeraidd yn eu haddoliad a'u defosiwn i'r Arglwydd.

'Oer ein serch a gwan ein ffydd,
Ein Hosanna'n ddistaw sydd.'

Felly, roedd angen i'r Ysbryd Glân ddod arnynt er mwyn ennyn y tân nefol ynddynt. A thybed nad yw ein sefyllfa ni yng Nghymru heddiw yn debyg i sefyllfa'r Effesiaid cyn i Paul gyrraedd yno? Yr ydym yn fewnblyg ac yn ofnus i Efengylu a mynd at bobl ag Efengyl ogoneddus Crist. Y mae llawer ohonom fel petaem wedi ein parlysu gan ofn a hunan-ymwybyddiaeth. *'Beth fydd pobl yn ei feddwl?' 'Beth fydd pobl yn ei ddweud?'* Ac yn aml iawn mae ein mawl a'n haddoliad yn brennaidd ac oeraidd iawn.

Ond gyda dyfodiad Paul i Effesus daeth newid byd arnynt. Gwelodd y diffyg a gofynnodd iddynt ynghylch eu cefndir. A oeddent wedi derbyn yr Ysbryd Glân wrth gredu? Mae'r ateb yn syfrdanol, doedden nhw ddim wedi clywed amdano. Mae hyn yn anodd ei gredu gan fod yr Hen Destament yn addo tywalltiad o'r Ysbryd Glân; hefyd am fod Ioan yn dweud y byddai Iesu Grist yn bedyddio â'r Ysbryd Glân. **"Ar ôl hyn tywalltaf fy ysbryd ar bob dyn . . . hyd yn oed ar y gweision a'r morynion fe dywalltaf fy ysbryd yn y dyddiau hynny."** Joel 2:28 & 29.

Ac roedd Ioan hefyd yn dweud y byddai Iesu Grist yn bedyddio â'r Ysbryd Glân: **"Yr wyf fi yn eich bedyddio â dŵr i edifeirwch... Bydd ef yn eich bedyddio â'r Ysbryd Glân ac â thân."** Mathew 3:11

Mae'n anodd credu, felly, na soniodd Apolos o gwbl am yr Ysbryd. Efallai bod y grŵp yn dweud wrth Paul nad oedden nhw'n gwybod bod yr Ysbryd Glân wedi dod i lawr, a'i fod ar gael iddyn nhw. Mae'n amlwg eu bod wedi edifarhau yn ôl arwydd bedydd Ioan, ond doedden nhw ddim wedi derbyn yr Ysbryd Glân a'r bywyd newydd llawn yng Nghrist sy'n cael ei arwyddo gan y bedydd Cristnogol. Mae'n amlwg fod Pedr yn crynhoi'r cwbl yn Actau 2:38: **"Edifarhewch, a bedyddier pob un ohonoch yn enw Iesu Grist er maddeuant eich pechodau, ac fe dderbyniwch yr**

Ysbryd Glân yn rhodd."

Felly, fe fedyddiwyd yr Effesiaid eto, ac yna rhoddodd Paul ei ddwylo arnynt, a daeth yr Ysbryd arnynt ac fe ddechreusant lefaru â thafodau a phroffwydo.

Os oedd angen llawnder yr Ysbryd ar yr Effesiaid onid oes ei angen arnom ni heddiw? Rwy'n siŵr bod ein tymheredd ysbrydol isel yn dangos hynny.

PA SAFLE?

Yna fe aeth Paul i'r synagog am dri mis, i sôn am deyrnas Dduw. Hynny yw, fe fyddai'n siŵr o ddweud bod yn rhaid edifarhau a derbyn y Meseia, sef Iesu Grist, er mwyn mynd i mewn i'r deyrnas. Byddai'n dweud bod angen cael ein haileni er mwyn gweld teyrnas Dduw. Mae'n amlwg bod nifer go dda yn wrthwynebus i'r Ffordd, sef i Iesu fel Meseia. Nid yn unig nad oedden nhw eu hunain yn credu, ond hefyd roeddent yn codi twrw yn erbyn Paul a'r Cristnogion.

Felly mae Paul yn symud i neuadd Tyranus. Rhyw fath o neuadd ddarlithio fyddai hon mae'n debyg. Arhosodd yno am ddwy flynedd, nes bod pobl o'r ardal i gyd a anwyd yn Asia, wedi clywed yr Efengyl. Doedd yr adeilad ddim yn bwysig o safbwynt yr efengyl. Mae'n amlwg bod rhwystrau yn y ganolfan grefyddol arferol, sef y synagog, ac oherwydd hynny aethant i neuadd 'seciwlar'.

Yr oedd eglwysi'n llogi neuaddau yn y dyddiau cynnar, ac fe **glywn am lawer yn gwneud hynny yn ein dyddiau ni. ** Mae'n amlwg bod rhyddid i gyhoeddi'r efengyl yn bwysicach i Paul nag adeilad *'cysegredig'*.

Efallai bod neges i ni yng Nghymru yn y fan yma. Mae cymaint o bwyslais yn dal i gael ei roi ar adeiladau crefyddol, ar ein capeli a'n heglwysi a'n hysgoldai. Faint ohonom sydd yn poeni am ryddid i'r Efengyl a rhyddid i gyrraedd ein cymdogaeth â'r Efengyl, yn hytrach na gwastraffu amser ac arian ac egni gwerthfawr yn cynnal a chadw hen systemau meirwon sydd o bosib yn mygu, neu hyd yn oed yn gwadu grym y gwir Efengyl? Hynny yw, mae'n siŵr bod gormod o'n sylw yn cael ei roi i'r adeiladau a'r 'traddodiadau' yn hytrach nag i dderbyn a chyhoeddi a rhannu

Efengyl rymus a gogoneddus Crist trwy nerth yr Ysbryd Glân.

Trafodwch

1. "Mae ein haddoliad yn hunan-ymwybodol yn hytrach na bod yn Dduw-ymwybodol."

2. "Os oedd angen Bedydd yr Ysbryd Glân ar yr Eglwys Fore, mae ei angen arnom ni."

3. ** Trafodwch hyn yng ngoleuni costau cynnal ein capeli heddiw.

Gwers 40 Y GAIR AR GYNNYDD (Actau 19:11-20)

Yr ydym yn symud ymlaen gyda hanes Paul yn Effesus y tro hwn. Cawn ddarllen a myfyrio ar ddigwyddiadau rhyfeddol. Ond cawn weld bod rhywbeth pwysicach na rhyfeddodau yn dod i'r amlwg, sef gogoniant Crist. Cawn ein temtio weithiau i ganolbwyntio'n ormodol ar ddigwyddiadau neu ffenomenau anghyffredin yn hytrach na chadw golwg ar Fab Duw sydd yn llawn gras a gogoniant a nerth. Wrth feddwl am yr adran yma fe gawn ni edrych ar dri pheth:

Rhyfeddodau ac arwyddion; Rhyfyg meibion Scefa; Rhostio'r eilunod.

RHYFEDDODAU AC ARWYDDION

Wrth i ni ddarllen am weinidogaeth yr Arglwydd Iesu down wyneb yn wyneb ag arwyddion a rhyfeddodau wrth iddo iacháu cleifion, bwrw allan gythreuliaid, bwydo llawer o bobl, a chodi'r marw'n fyw. Yr oedd yr arwyddion a'r rhyfeddodau yn cadarnhau'r gwirionedd ei fod yn Fab Duw, a bod eneiniad Duw arno fel Gwaredwr y byd, fel Meseia. Yr oedd ei weithredoedd yn tanlinellu gwirionedd ei ymadroddion.

Yn Ioan 14:12 fe ddywed yr Arglwydd Iesu wrth ei ddisgyblion ynglŷn â'i weithredoedd rhyfeddol: **"Yn wir yn wir rwy'n dweud wrthych, bydd yr hwn sy'n credu ynof fi yntau hefyd yn gwneud y gweithredoedd yr wyf fi'n eu gwneud; yn wir bydd yn gwneud rhai mwy na'r rheini."** Ac eto yn Marc 16 mae'n sôn am **"arwyddion yn dilyn i'r sawl a gredodd"**.

Ac fe ddarllenwn yn llyfr yr Actau fod hyn wedi dod yn wir yng ngweinidogaeth y Cristnogion cynnar. Pan ddarllenwn am hanes Paul a Barnabas yn Iconium fe welwn fod yr Arglwydd ei hun yn rhoi tystiolaeth arbennig i gywirdeb a gwirionedd eu hymadroddion amdano: **"a thystiodd yntau i air ei ras trwy beri gwneud arwyddion a rhyfeddodau trwy eu llaw"**. (Actau 14:3)

A nawr yn Effesus yr oedd yr un peth yn digwydd trwy Paul.

Ac nid yn unig yr oedd Duw yn gwneud gwyrthiau trwy Paul, ond hefyd trwy lieiniau neu gadachau oedd wedi cyffwrdd â chroen Paul. Mae'n sefyll i reswm nad enw Paul oedd yn iacháu nac yn bwrw allan gythreuliaid, na'r cadachau a'r llieiniau fu'n cyffwrdd â'i groen, ond trwy ffydd yn Iesu Grist oedd wedi rhoi ei Ysbryd nerthol yn Paul. Mae'n amlwg bod y gweithredoedd hyn yn cadarnhau realiti Crist a'i Efengyl. Er nad oedd y bobl yn gweld Crist, nac yn gweld yr Ysbryd, yr oeddent yn gweld canlyniadau
** rhyfeddol gwaith Duw trwy Paul yn y gwyrthiau rhyfeddol. ** Ac efallai bod angen help trwy arwyddion ar ein cymdeithas faterol ac ofergoelus ni heddiw, er mwyn iddynt weld gallu a realiti'r Ysbryd Glân.

RHYFYG MEIBION SCEFA

Rhaid i ni gofio, fodd bynnag, fod yr Arglwydd Iesu wedi rhybuddio ei ddisgyblion y byddai gau-broffwydi'n dod yn y dyddiau olaf ac yn twyllo dynion: **"Oherwydd fe gyfyd gau-feseiâu a gau-broffwydi, a rhoddant arwyddion mawr a rhyfeddodau nes arwain ar gyfeiliorn hyd yn oed yr etholedigion, petai hynny'n bosibl."** (Math.24:24) Rhaid i ni fod yn ofalus iawn gydag arwyddion a rhyfeddodau, felly. Rhaid i ni gofio nad yw arwydd rhyfeddol yn ei hunan yn brawf bod rhywun o Dduw. Roedd hyn yn wir yn yr Hen Destament hefyd yn amser Moses. Pan oedd yr Arglwydd yn galluogi Moses i wneud arwyddion gyda'i ffon, yr oedd swynwyr yr Aifft yn gallu gwneud arwyddion tebyg. Yr oeddent hefyd yn gallu dynwared rhai o'r plâu cyntaf a wnaeth Duw trwy Moses.

Ac yn Effesus yr oedd twyllwyr Iddewig yn ceisio dynwared Paul a hyd yn oed yn ceisio defnyddio enw Crist er nad oedden nhw wedi ei dderbyn fel Gwaredwr ac Arglwydd, ac er nad oedden nhw mewn perthynas bersonol ac achubol ag Ef, a heb gael eu galw i weinidogaethu yn ei enw.

Ond fe'i daliwyd gan yr ysbrydion drwg. Dim ond i Ysbryd Crist yr oedden nhw'n barod i ildio. Ac er bod meibion Scefa yn ceisio defnyddio *enw* Crist, nid oedd ganddyn nhw ei *Ysbryd* nerthol, ac fe gawsant eu gorchfygu a'u dirmygu mewn modd ofnadwy.

Ac mae neges bwysig i ni yn hyn, sef i beidio â chredu fod pob arwydd neu ryfeddod yn deillio o'r Ysbryd Glân. Rhaid i ni wrando'n ofalus ar dystiolaeth a dysgeidiaeth person yn ogystal â gweld ei arwyddion. Ac mae'n rhybudd i ni hefyd i beidio byth â chymryd arnom yr hyfdra i weithredu yn enw Crist os nad yw Ef wedi ein galw a'n comisiynu i'r gwaith.

Mewn geiriau eraill, ni allwn chwarae o gwmpas gyda Duw, **"peth dychrynllyd yw syrthio i ddwylo'r Duw byw"**. (Heb.10:31)

RHOSTIO'R EILUNOD

Ond trwy hyn fe ddaeth gogoniant i enw'r gwir Dduw a gwir Waredwr dynion, sef Iesu Grist. Mae'n amlwg fod parchedig ofn wedi dod dros bobl Effesus, fel sydd yn digwydd pan ddaw adfywiad ysbrydol a thywalltiad o'r Ysbryd Glân ar ardal. A chyda'r parchedig ofn daeth edifeirwch i galonnau'r bobl oedd wedi credu eisoes, a daeth llawer iawn i gefnu'n gyhoeddus ar ddewiniaeth ac ofergoeliaeth. Cafwyd coelcerth wirioneddol gyda llyfrau swyn.

Mae llyfr Todd a De Ann Burke, *Anointed for Burial,* yn adrodd hanes eu cenhadaeth yn Cambodia yn y saithdegau wrth i'r Khmer Rouge oresgyn y wlad. Maent yn adrodd hanes cyfarfod arbennig iawn yng nghartref Cristion oedd o deulu Bwdaidd. Yr oedd wedi casglu llawer o ffrindiau a chymdogion i glywed yr Efengyl. Yn ystod cyfarfod lle'r oedd Cristion arall o'r enw Kong yn annerch, daeth mwg trwy'r nenfwd. Wrth fynd i archwilio'r sefyllfa gwelwyd fod tân yn y llofft uwchben lle'r oedd *'tŷ ysbryd'* y teulu, rhyw fath o dŷ bach pren a ddefnyddid mewn addoliad Bwdaidd yn y cartref. Dim ond y tŷ hwn oedd ar dân, ac fe'i hyswyd. O ganlyniad *"rhuthrodd llawer i'w cartrefi cyfagos a daethant yn ôl gan redeg, ac yn cario tai'r ysbryd, a llond eu breichiau o eilunod a gwrachyddiaeth. Yr oeddent hyd yn oed yn rhwygo ymaith eu swynion a'u llinynnau dieflig, gan daflu'r cwbl i'r fflamau."*

Pan ddaw Ysbryd Glân Duw wyneb yn wyneb ag Ysbryd aflan Satan, rhaid i hwnnw ildio'r dydd, oherwydd eiddo Crist yw'r fuddugoliaeth.

Trafodwch

1. Ydy'n gweithredu ni fel eglwysi yn cyd-fynd â'n geiriau?

2. ** Trafodwch yr awgrym hwn.

3. "Prawf o'r Efengyl ar waith yw newid hen arferion."

GORFFENNAF — YR EGLWYS YN TYFU(2)

Gwers 41 — CYNNWRF YN EFFESUS

(Actau 19:21-41)

Yr ydym yn clywed weithiau am wrthryfel a therfysg mewn tref neu ddinas oherwydd teimladau cryfion grŵp o bobl arbennig. Efallai bod gweithwyr yn teimlo eu bod yn cael cam, ac yna mae'n rhaid galw cyfarfod cyhoeddus. Mae rhai o'u harweinwyr yn siarad yn deimladwy a chryf ar y mater, ac yna mae'r dorf yn dechrau ymateb. Mae teimladau a gwres y dorf yn codi a phethau'n mynd o ddrwg i waith. Mae'r sŵn yn fyddarol, a'r emosiynau'n uchel. Gwelir pobl sydd fel arfer yn dawel yn mynd dros ben llestri. Weithiau caiff pobl eu hanafu neu hyd yn oed eu lladd. Dyma'r math o sefyllfa a gododd yn Effesus trwy arweiniad Demetrius, ac fe edrychwn ar bedwar pwynt yn yr adran yma:

> *Cynlluniau Paul; Cynllwynion Demetrius; Cynulliad yr Effesiaid; Cyfaddawd y clerc.*

CYNLLUNIAU PAUL

Wedi iddo sôn am hanes meibion Scefa ac am losgi'r eilunod, a chyn mynd yn ei flaen i ddisgrifio ymateb Demetrius, mae Luc yn dweud wrthym am gynlluniau Paul ynglŷn â'i deithiau ar y pryd. Ei nod oedd teithio trwy Facedonia ac Achaia, ac yna i Jerwsalem, ac yna i Rufain. Pan oedd yn sôn am reidrwydd i weld Rhufain, nid *'rhaid'* y teithiwr oedd hynny ond *'rhaid'* y cenhadwr. Yr un *'rhaid'* oedd gan Iesu pan aeth trwy Samaria, a chyfarfod y wraig wrth ffynnon Jacob a'i harwain i fywyd tragwyddol. Ac fel canolfan strategol y byd, yr oedd Paul am weld yr Efengyl yn mynd ar hyd y priffyrdd Rhufeinig i bob rhan o'r byd oedd yn wybyddus iddynt bryd hynny. Yn ôl 1 Corinthiaid 16:8 yr oedd am aros yn Effesus tan y Pentecost. Ond yn Actau 20:16 mae Paul eisoes wedi gadael Effesus ac yn hwylio heibio i'r ddinas er mwyn ceisio cyrraedd Jerwsalem cyn y Pentecost. Felly, doedd ei gynlluniau ddim yn haearnaidd, ond yn nwylo Duw yr Ysbryd. Ond gallwn weld ei gonsýrn dros yr eglwysi ym Macedonia oherwydd ei fod yn fodlon gollwng Timotheus o bawb i fynd yno gydag Erastus.

CYNLLWYNION DEMETRIUS

Roedd Demetrius y gof arian, fodd bynnag, yn dal i deimlo'r wasgfa economaidd ar ei farchnad ddelwau. Gwnaeth yn fawr o'i gyfle pan oedd llu mawr o addolwyr Diana wedi ymgynnull yn Effesus ym mis Mai. Galwodd ynghyd yr holl grefftwyr oedd yn gweithio iddo a llawer o grefftwyr oedd yn cynhyrchu cysegrau tebyg. Ei brif gonsýrn oedd ei boced, nid y gwirionedd yn Effesus na lles ysbrydol y ddinas. Yr oedd yn gallu cuddio'i wir gonsýrn i raddau trwy bwysleisio bod Effesus hefyd mewn perygl o golli ei hunaniaeth fel dinas Diana, o achos Paul ac Efengyl Crist.

Mae hyn yn ein hatgoffa o ymateb pobl Gedara i waith Iesu yn bwrw allan gythreuliaid o'r ddau ddyn ffyrnig, a chaniatáu iddynt fynd i mewn i'r moch nes iddynt ruthro dros y dibyn i'r môr. Yn hytrach na llongyfarch y ddau ddyn ar gael eu hiacháu, yr oedd y dref yn poeni mwy am golli'r moch a'r holl gynnwrf a allai godi. Ac oherwydd hynny, dyma nhw'n erfyn ar Iesu i symud ymlaen o'u hardal. (Mathew 8:28-34)

Rhaid i ni sylwi ar yr hyn oedd wedi achosi pryder Demetrius. Nid ymosodiad chwyrn ar y cysegrau a'r delwau, nid mynd i mewn i deml Diana ac ysbeilio'r holl ddelwau a chysegrau, ond penderfyniad gwirfoddol y credinwyr i ymadael â phob delw neu eilun oherwydd eu profiad o Dduw ac oherwydd hanes meibion Scefa.

Doedd dim angen delwau ar bobl oedd wedi dod i adnabod y gwir Dduw. Roedd credinwyr Effesus yn demlau Duw eu hunain bellach heb fod ag angen temlau arian. Gan fod ganddynt gymdeithas â Duw, doedd dim angen cysegrau bach ffug arnynt. Roedd y bywyd newydd yng Nghrist yn disodli'r hen. Roedd ymrwymiad gwirfoddol i Grist, a cholli archwaeth am yr hen ffyrdd.

Mae math o dderwen yn America sydd yn cadw'i dail yn ystod y gaeaf er gwaethaf y gwyntoedd a'r stormydd sydd yn bwrw dail oddi ar goed eraill. Ond pan ddaw'r tyfiant newydd yn y Gwanwyn, mae'r hen ddail yn disgyn yn dawel i wneud lle i'r newydd. Dyna oedd profiad ybrydol yr Effesiaid.

CYNULLIAD YR EFFESIAID

Arweiniodd cyfarfod y crefftwyr at lafarganu i Diana ac at derfysg a arweiniodd dorf fawr i'r theatr. Gan fod cynifer o bobl yn Effesus ar y pryd gallwn ddychmygu'r anrhefn. Roedd y theatr yn gallu dal rhwng ugain a thri deg mil o bobl. Ond mae Luc yn dangos yn glir i ni fod y brotest yn afreolus gan nad oedd llawer o'r rhai yn bresennol yn gwybod beth oedd achos y terfysg. Ac mae bloeddiadau'r dorf *'mawr yw Diana'r Effesiaid'* yn ein hatgoffa o floeddiadau torf arall rai blynyddoedd yn gynt, sef, *'ymaith ag ef'*.

Yr oedd Paul yn awyddus i fynd yno ond fe'i rhwystrwyd gan y disgyblion a chan neges oddi wrth yr Asiarchiaid, sef prif swyddogion Asia. Ceisiodd Iddew o'r enw Alexander annerch y dorf ond ni chafodd ddim sylw. Buont yn gweiddi am ddwy awr, ond nid yw hyd yr amser na maint y lleisiau'n troi celwydd yn wirionedd.

CYFADDAWD Y CLERC

Ynghanol yr holl firi daw clerc y dref i roi taw ar y giwed. Mae'n eu hatgoffa bod ganddynt ddau ddewis cyfansoddiadol, sef mynd â materion masnachol at y llys barn, a materion trefol at gyfarfod rheolaidd y dinasyddion. Mae'n eu rhybuddio hefyd y gallai dinas Effesus fod mewn trafferth (gan y rhaglaw Rhufeinig) oherwydd y cynnwrf yma oedd yn tarfu ar yr heddwch.

Mae'n amlwg mai gwleidydd oedd y clerc ac mai heddwch a llonydd oedd ei nod. Er mwyn cael hyn yr oedd yn fodlon cadarnhau ofergoel y bobl, a chymryd Cristnogaeth o dan ei adain. Roedd y dyn yn ddiplomat *par excellence.*

Ond wrth i ni feddwl am y cynnwrf ac am erledigaeth yn gyffredinol, nid dyna lle mae perygl mwyaf yr eglwys Gristnogol. Nid gwrthryfel Demetrius oedd perygl mwyaf eglwys Effesus, ond nawdd y clerc. Ac onid yr adegau pan gafwyd nawdd ymeradwyr a llywodraethau oedd, ac yw yr adegau pan mae'r eglwys yn tueddu i fod wannaf ac oeraf o'i gymharu â'r purdeb a'r cariad selog sydd yn ei nodweddi o dan erledigaeth. Dywedodd Richard Wurmbrand am Gristnogion oedd yn dioddef dan law'r comiwnyddion: ***"Mae'r eglwys danddaearol yn eglwys dlawd a dioddefus, ond does***

ganddi'r un aelod llugoer."

Dydym ni ddim yn dymuno erledigaeth, ond gadewch i ni weddïo ar yr Arglwydd i'n tanio a'n llenwi â'i gariad tra bod gennym heddwch a rhyddid crefyddol yn ein gwlad.

Trafodwch

1. Beth yw peryglon pragmatiaeth?

2. I ba raddau y mae ein cynlluniau'n troi o gwmpas ewyllys Duw?

3. Trafodwch nodweddion oerni a chlaerineb ysbrydol.

Gwers 42 ARAITH PAUL I HENURIAID EFFESUS (Actau 20:17-38)

Mae cydwybod glir yn fwy gwerthfawr na miloedd a miliynau o bunnoedd. Ac wrth i ni glywed Paul yn ffarwelio â henuriaid Effesus ac yn eu calonogi yn eu gwaith, fe welwn ei fod yn gallu gwneud hynny trwy gyfeirio at ei waith ei hun yn eu plith fel esiampl. Ac un o'r pethau sydd yn dangos fod Paul yn ddilys yw'r ffaith fod yr henuriaid yn derbyn ei neges ac yn wylo wrth feddwl na fydden nhw'n gweld yr apostol eto ar y ddaear yma. Gadewch i ni edrych ar ei neges a nodi tri pheth:

Gweinidogaeth Paul; Gwaith yr henuriaid; Gweddi.

GWEINIDOGAETH PAUL

Wrth gyfeirio'u meddyliau yn ôl at ei weinidogaeth yn eu plith mae Paul yn eu hatgoffa o'r hyn sydd o'u blaen. Mae'n dangos iddynt beth yw'r sefyllfa i weinidog Crist. Mae'n eu hatgoffa o'r ffaith iddo ddod atynt mewn *gostyngeiddrwydd.* I raddau yr oedd ef ei hun yn brin o hunan-hyder. Sawl gwaith y darllenwn amdano yn ofnus wrth wynebu sefyllfaoedd anodd. (1 Cor.2:3) I raddau, yr oedd yn ei weld ei hun yn anghymwys i waith mor fawr a dyrchafedig (1 Cor.15:8-9) ac i raddau yr oedd yn fodlon dioddef anghlod croes Crist. Yna mae'n sôn am *ddagrau.* Yr oedd mewn brwydr ysbrydol yn erbyn yr Un drwg, yn erbyn yr annuwiol, ac efallai anawsterau oddi mewn i'r eglwys. Yn olaf mae'n enwi *treialon* ac mae'n nodi'r Iddewon gwrthwynebus yn arbennig.

Felly, mae'n rhaid i was Crist fod yn barod at hyn, ac roedd yn rhaid i henuriaid Effesus gael eu paratoi.

Yna mae'n sôn am ei waith fel athro a phregethwr. Bu'n *ffyddlon* yn cyhoeddi dysgeidiaeth fuddiol i'r Effesiaid, ac mae'n disgwyl i'r henuriaid barhau i wneud hynny. Mae disgwyl i bregethwyr a henuriaid ac athrawon Ysgol Sul wneud yr un peth heddiw. Wrth ysgrifennu at Timotheus mae Paul yn pwysleisio mai gair Duw sydd yn fuddiol i bob diben pwysig. Dywed fod pob Ysgrythur **"yn fuddiol i hyfforddi, a cheryddu, a chywiro, a**

disgyblu mewn cyfiawnder". (2 Tim.3:16)

Bu hefyd yn *ddiwyd* yn eu dysgu'n gyhoeddus fel cynulleidfa, ond hefyd yn bersonol yn eu cartrefi pan oedd angen hynny. Mae llawer o'r gweinidogion gorau ar hyd y canrifoedd wedi gwneud hyn, ac wedi llwyddo i ddod â'r efengyl i fywyd beunyddiol y gynulleidfa. Bu ei weinidogaeth yn un *gyffredinol.* Dywed ei fod wedi tystiolaethu i Iddewon a Groegiaid yn ôl y cyfle. Dechreusai gyda'r synagog, ond symudodd ymlaen i gyhoeddi i bawb efengyl Crist. Mae perygl i ni ganolbwyntio ar rai adrannau o gymdeithas heddiw, fel y dosbarth canol, yn hytrach na cheisio cyrraedd pobl o bob cefndir. Yn olaf, fe ddywed am *amcan* ei ddysgeidiaeth. Ei nod fawr bob amser oedd troi pobl at Dduw. Fel yr Arglwydd Iesu, un o brif negeseuau Paul oedd **'edifarhewch'**. Dyma'r neges i droi ein hwynebau yn hytrach na'n gwarrau at Dduw. Mae angen Duw ar bob dyn a gwaith y pregethwr yw ei berswadio o hynny a'i annog i'w geisio o ddifrif. Yna mae'n dweud ei fod yn eu hannog i ffydd yn Iesu Grist, oherwydd hebddo Ef ni allwn adnabod Duw na chyrraedd ato o gwbl. Does dim iachawdwriaeth o gwbl hebddo. Ef sydd wedi cymryd ymaith ein pechodau; Ef sydd wedi derbyn cosb ein heddwch ni; Ef sydd wedi ein glanhau trwy ei waed; Ef sydd wedi tawelu llid Duw trwy ei ufudd-dod perffaith; Ef sydd wedi ennill cyfiawnhad i ni trwy ei atgyfodiad.

Roedd yr henuriaid, felly, yn glir ynglŷn â'u cyfrifoldebau fel athrawon, ac mae'r neges yn glir i ni.

GWAITH YR HENURIAID

Wrth i Paul ddweud wrthynt nad oedd yn disgwyl eu gweld eto, mae'n dweud yn glir ei fod yn ddi-euog o waed neb. Fel gweinidog yr oedd wedi cyflawni ei waith. Mae hyn yn ein hatgoffa o neges Duw i Eseciel ar ddechrau ei weinidogaeth. Dywed yr Arglwydd fod Eseciel yn wyliedydd Israel, a'i fod yn gyfrifol i Dduw am rybuddio'r bobl i edifarhau. Doedd e ddim yn gyfrifol am ymateb y bobl, ond am eu rhybuddio. Petai Eseciel yn peidio â rhybuddio person, byddai'n marw am ei bechod **"ond byddaf yn ceisio iawn gennyt ti am ei waed"**. (Eseciel 3:20) Gall Paul ddweud ei fod wedi cyflwyno holl arfaeth neu gyngor Duw iddynt. Eto yr oedd hyn yn esiampl i'r henuriaid. Yna mae Paul yn rhoi anogaeth iddynt ofalu am eu hunain ac am yr holl braidd. Nid adleisio cred y byd o roi ein hunain gyntaf a wna Paul, ond dweud wrthynt na allant fwydo'r eglwys heb iddyn nhw gael eu bwydo gan Dduw. Mae'n dweud yr un peth wrth Timotheus: **"Cadw lygad arnat ti dy hun ac ar yr hyfforddiant a roddi."** (1 Tim.4:16)

Ac yna mae Paul yn pwysleisio eu cyfrifoldeb oherwydd eu braint o weinidogaethu i eglwys Dduw, nid eu heglwys nhw nac eglwys Paul. Dywed fod y corff yma o gredinwyr wedi cael eu prynu gan Dduw trwy waed ei briod un, sef Crist; neu gallem ddarllen, gyda'i waed ei hun. Dyma bwyslais Paul; bod yr eglwys yn Effesus fel pob eglwys, yn eiddo Duw, a'i fod wedi eu gwneud yn eiddo iddo trwy ei waed ei hun, hynny yw, gwaed ei Fab. Felly, mae'n rhaid i weithwyr yn yr eglwys fod yn ofalus iawn o'r ffordd y maent yn trin pobl Dduw. Mawr yw eu braint a'u cyfrifoldeb.

Yna mae'n eu cyflwyno i ras Duw, yr unig beth a allai eu galluogi i gyflawni'r gwaith. Gallai gair grasol Duw eu hadeiladu a'u sancteiddio i'r gwaith.

Mae'n eu hannog yn gynnes iawn oherwydd y peryglon i'r eglwys, sef ymosodiadau oddi allan ac oddi mewn, yn arbennig trwy gau-athrawiaeth. Mae hyn oll yn dangos galwad y rhai sydd yn arolygwyr (esgobion) eglwys Dduw. Gweddïwch yn daer am i Dduw roi llawer mwy ohonynt i ni yng Nghymru heddiw, ac iddo gadw'r rhai sydd gennym i wneud eu priod waith.

GWEDDI

Yna mae Paul yn arwain y grŵp mewn gweddi. Mae'n siŵr ei fod wedi dangos yn ei weddi ei gonsýrn a'i gariad angerddol dros y praidd. Dangosodd iddynt yr hyn oedd yn ei galon o'r dechrau. Gweddïodd ger eu bron yn awr yr hyn yr oedd wedi ei weddïo droeon yn y dirgel drostynt. A chredaf mai cariad yw'r allwedd i ddeall gweinidogaeth Paul yn Effesus. Pam oedd yr apostol wedi dioddef cymaint ac wedi cyflawni cymaint? Rhaid cydnabod gras a gallu Duw, ond rhaid sylwi hefyd ar y ffaith ddiymwad fod yr Arglwydd wedi ei lanw â'i gariad ei hun. Gadewch i ni weddïo ar yr Arglwydd i'n llanw ni heddiw â'i gariad Ef: ei gariad at Dduw, ei gariad at ei bobl, a'i gariad at y colledig.

Trafodwch

1. Faint ydych chi'n gweddïo dros eich gweinidog?

2. Ydy disgwyliadau eglwysi o'u gweinidogion heddiw yn gyson â blaenoriaethau'r Testament Newydd?

3. Beth, yn eich barn chwi, sy'n gwneud gweinidog da?

Detholiad o Lyfryddiaeth

Y Salmau

An Introduction and Commentary on Books I and II of the Psalms, Derek Kidner (IVP)

An Introduction and Commentary on Books III, IV and V of the Psalms, Derek Kidner (IVP)

Interpreting the Psalms, Patrick D. Miller

The Lord Reigns, J. L. Mays

The Psalms and the Life of Faith, Brugemann (1995)

The Psalms, Structure, Content and Message, Westermann

Cerddi Seion, Gwilym H. Jones (Gwasg Pantycelyn)

Etifeddiaeth Ragorol, Gareth Lloyd Jones (Cyhoeddiadau'r Gair)

Llyfr yr Actau

The message of the Acts, John Stott (*The Bible Speaks today* - IVP)

Acts, I. Howard Marshall (*Tyndale New Testament Commentaries* - IVP)

Acts, Anderson (*New Century Bible* - Edermans)